会计故事会

Accounting Story

杨克智◎著

北京国家会计学院院长 **秦荣生**
厦门国家会计学院院长 **黄世忠**
对外经济贸易大学原副校长 **张新民**
北京工商大学原副校长 **谢志华**

联袂推荐

中国财经出版传媒集团

经济科学出版社
Economic Science Press

图书在版编目（CIP）数据

会计故事会／杨克智著．—北京：经济科学出版社，2022.5（2022.9 重印）
ISBN 978－7－5218－3616－5

Ⅰ．①会…　Ⅱ．①杨…　Ⅲ．①会计学－通俗读物
Ⅳ．①F230－49

中国版本图书馆 CIP 数据核字（2022）第 063107 号

责任编辑：杜　鹏　常家凤
责任校对：王肖楠
责任印制：邱　天

会计故事会
杨克智　著
经济科学出版社出版、发行　新华书店经销
社址：北京市海淀区阜成路甲 28 号　邮编：100142
编辑部电话：010－88191441　发行部电话：010－88191522
网址：www.esp.com.cn
电子邮件：esp_bj@163.com
天猫网店：经济科学出版社旗舰店
网址：http://jjkxcbs.tmall.com
北京时捷印刷有限公司印刷
880×1230　32 开　5.25 印张　100000 字
2022 年 7 月第 1 版　2022 年 9 月第 2 次印刷
印数：5001—8000 册
ISBN 978－7－5218－3616－5　定价：39.00 元
（图书出现印装问题，本社负责调换。电话：010－88191510）

前　言

这是一本非典型的会计书籍，力求用通俗易懂的非专业语言讲授博大精深的会计专业知识。会计是一门既古老又充满生机和活力的学科，是无数会计人思想和智慧的结晶。会计随着经济社会的发展与时俱进，具有显著的时代特征。以信息技术、数字技术、人工智能为代表的新一轮技术革命催生了新产业、新业态、新模式，对会计理论、会计职能、会计组织方式、会计工具手段等产生了重大而深远的影响，需要创新会计人才培养理念和模式，加快会计人才培养数字智能化转型，提升会计人才的竞争力。作为一名大学会计教师，教书育人，传播会计专业知识，启迪会计思想，为党育人，为国育才，是我矢志不渝的追求。本书是我数十年会计教学工作的系统梳理，也是教学方法上的一些思考。

本书的主要特点如下：

一是通过趣味化的小故事，系统性地讲解完整的会计体系。本书通过 103 个小故事，以讲故事的方式讲解专业、晦涩的会计知识，将枯燥的专业知识与有趣的生活小故事有机融合，故事中讲会计，会计中说故事。

二是通过正能量的小故事，将思政教学融入会计专业知识之中。“立德树人”是教育的根本任务，本书通过三峡大坝、负债诚实守信、新冠疫苗研发等小故事，弘扬民族精神，传播社会主义核心价值观，将思想政治教育有机融入会计专业教育。

三是注重培养专业思维，将会计职业道德和会计工作有机结合。本书通过启发式思维和场景化环境，培养会计职业道德观念，提高会计职业判断能力和专业素养。将会计工作融入业务场景，培养会计人员发现、分析和解决专业问题的能力。

本书主要从初学者角度通过生活化的语言和小故事讲解专业化的知识，力求形象、准确地展现会计基本概念、基本原理和基本方法的内涵。本书写作中力求去概念化、去分录化、去数字化，但轻松的表述方式很难全面、精确地表达出专业知识严谨、系统的概念和逻辑体系，还请读者在阅读过程中不吝赐教、多多包容和斧正。

感谢秦荣生教授、黄世忠教授和张新民教授三位德高望重的会计名家对本书的指导与真情推荐。本书的写作得到北京工商大学商学院特别是会计系的大力支持，感谢各位师长和同仁的关心和爱护。感谢博士导师谢志华教授、刘红霞教授以及硕士导师林钟高教授的悉心关怀和精心指导，感谢杨有红教授、王斌教授等会计前辈们为会计专业发展奠定的坚实基础，感谢毛新述教授、张宏亮教授等对青年教师的培养和支持。特别要感谢王峰娟教授给予我多方面的指导和帮助。感谢同门师兄、师姐、师弟、师妹的深情厚谊。感谢神奇的考点母题教研团队和学员同学们给我的信任和支持。感谢常朋先生在写作阶段的鼓励和认真负责的校对。特别要感谢我的家人，感谢老妈、岳父、岳母默默地支持和无私地奉献，感谢我的爱人索玲玲博士的包容和守护，感谢姐姐、姐夫和相亲相爱的一家人。

杨克智
2022 年 5 月

目　录

第一章　会计的基础：关于钱的故事

我们的故事从一张纸币开始，包子铺收银台上一张淘气的纸币轻盈地飘落在熙熙攘攘的菜市场，化身雪白的面粉，面粉经过包子铺的和面、调馅、擀皮变成热气腾腾的白面包子，最后通过包子出售又回到人见人爱、花见花开的货币。这就是企业的资金活动，会计工作就是一个关于钱的故事。

第一节　会计概念和目标：提供信息

一、会计概念

会计就是记录信息，也叫记账，是记录企业经营活动的大片。通过会计记账把企业各项经营管理活动连续、系统地拍摄下来，经过后期专业的剪辑、制作，最终以财务报表的形式全景式地还原真实的业务场景。会计的主角是“钱”，主线是围绕企业资金活动，以货币的形式对企业发生的各项交易和事项进行全面、连续、系统核算和监督的一种经济管理活动。

【会计故事会·结绳记事】

远古时代，在一些部落里，为了把本部落的风俗传统以及重大事件记录下来、流传下去，便用粗细不同的绳子在上面结成距离不同的结，结有大有小，每种结法、距离大小以及绳子粗细表示不同的意思，由专人（一般是酋长和巫师）循规则记录，并代代相传，这就是结绳记事，也是最早的会计。

二、会计目标

现代企业中，老板出资但并不直接管理企业，而是聘请更专业的职业经理人来经营管理企业，老板拥有企业的所有权，职业经理人拥有企业的经营权，这叫所有权和经营权分离。老板虽然不亲自管理企业，但需要知道职业经理人有没有好好干活。比如家里请一个阿姨帮忙带小孩儿，平时只有阿姨和小孩儿在家，小孩儿的父母时刻关心阿姨是怎么带小孩儿的，带得好不好。于是在家里安装摄像头，阿姨带小孩儿的过程摄像头可以实时全面记录，摄像头提供的信息就是阿姨受托责任履行情况的信息。会计也一样，把职业经理人经营管理企业的行为记录下来，老板通过查看会计报表就知道职业经理人是怎样经营管理企业的，实现这个目标提供的会计信息叫受托责任观。受托方有义务及时、完整地向委托方报告其受托资源管理的情况以解除受托经济责任，委托方根据受托责任实际履行情况给受托方支付报酬。

【会计故事会·行车记录仪】

乘客从天安门打车到国家体育场（鸟巢），平时打车费50元，如果这次打车花了80元，于是怀疑司机绕路了。司机说我没有绕路，不信你看我的行车记录仪。行车记录仪上完整地记录了乘客什么地点上车、走哪条路、什么时间下车。行车记录仪提供的行车轨迹信息就是受托责任履行情况的信息。

对于上市公司来说，投资者最关心的是股价，公司股价是高估了还是低估了，应该什么时候购入股票、什么时候出售股票等，这些都是资本市场上投资者最主要的决策。会计要提供股价估值的信息为投资者投资决策服务，这叫提供决策有用的信息，这是会计的第二个目标，也叫决策有用观。比如大学期间父母给你学费和生活费，让你把钱用在学习上，你要提供一份支出明细让父母看看你这个钱是不是真的花在学习上了，有没有把钱花在谈恋爱、玩游戏上，这就是受托责任履行情况的信息。除了提供支出明细，你还要提供一份成绩单，父母根据成绩单来进行决策，看看要不要给你报辅导班等等，这就是决策有用的信息。

【会计故事会·路况信息】

北京比较堵车，我们下班之前都喜欢先打开导航了解一下路况信息，路况信息包括道路的交通情况，哪条路比较畅通，哪条路比较拥堵，是否有交通事故。根据导航提供的路况信息我们选择一条最畅通的路回家。导航提供的路况信息就是决策有用的信息，我们根据路况信息来决定走哪条路。

第二节　会计假设和基础：会计的地基

一、会计基本假设

爱因斯坦告诉我们世界是相对的，任何事情是否成立都有一个前提，比如你考 60 分合格了，前提是 60 分是合格线，如果合格线是 70 分那你就不合格。物理学中著名的牛顿第一定律告诉我们，假设没有摩擦力运动中的物体将保持匀速直线运动状态，没有摩擦力就是前提假设，如果没有这个假设前提相关的结论就不成立了。现行会计体系建立在四个假设前提下，包括会计主体、持续经营、会计分期和货币计量，四大假设是会计的地基，支撑起整个会计体系，如果突破这四大假设整个会计就要改头换面。

1. 会计主体

会计工作首先要明确为谁工作、为谁记账，也就是明确会计主体。会计主体是指会计工作服务的特定单位或组织。一个企业有多个主体，如企业、债权人、股东等，企业聘请的会计为企业工作、为企业服务，其会计主体就是企业，一定要站在企业的立场思考问题，别站错了队。当然，债权人和股东也可以聘请私人会计为其服务，股东的私人会计其主体就是股东。企业会计和股东私人会计由于其主体不同，立场和视角也不同，比如股东出资，从股东角度看是作为投资核算（是一项资产），从企业角度看是作为资本投入核算（是所有者权益）。

【会计故事会·老板的发票】

包子铺会计小敏拿着一张发票犯愁，包子铺高老板拿了一张吃饭的发票来报销，这张发票该不该报呢？如果高老板是家宴的餐票，这张餐票跟包子铺没啥关系，包子铺作为会计主体不能报销。如果高老板宴请的是包子铺的客户，这项活动与包子铺经营活动相关，应该作为包子铺的业务进行报销。会计人员要坚持原则，不属于会计主体的业务要拒之千里之外，展现会计人员的职业操守。当然，要注意被老板开除的风险。

2. 持续经营

持续经营就是假设企业万寿无疆、永葆青春。持续经营假设看起来微不足道，而且有些不合常理，但却是一个非常重要的概念，一旦持续经营假设不成立，整个会计核算将发生翻天覆地的变化。企业在持续经营假设下，对购入的生产设备作为固定资产核算，按照实际取得成本入账，并将该成本在其使用寿命年限内分摊，而不是一次性作为费用。如果不是持续经营就没有固定资产这个概念，是否区分固定资产没有意义，同时破产企业资产要按清算价值来计量。比如正常卖房子价格是 100 万元，但成交时间比较长，如果是着急用钱只能打折便宜出售，就卖不了 100 万元了，这叫清算价格。会计上针对持续经营企业和破产企业分别制定了不同的会计规范，持续经营企业适用《企业会计准则》，破产企业有专门的《企业破产清算有关会计处理规定》。企业在经营过程中要持续评估持续经营能力，非持续经营就不能采用《企业会计准则》核算，需要改用《企业破产清算有关会计处理规定》进行会计处理。

【会计故事会·精神病犯罪】

某犯罪嫌疑人审判的时候说“我有病，精神病”。根据法律规定，精神病人在不能辨认或者控制自己行为的时候造成危害结果，经法定程序鉴定确定的，不负刑事责任。法官在判案时要先识别犯罪嫌疑人精神是否正常，如果精神不正常就不能适用常规的法律规定了。企业也类似，破产企业和持续经营企业适用不同的准则和制度，非持续经营企业不能按照《企业会计准则》来进行会计处理。

3. 会计分期

一个人的是非功过只有到死后才能做出结论，这叫“盖棺定论”，一个企业的好坏也是一样，需要考察完整的经营期间才能得出客观的评价。在持续经营假设下不可能完整地评价一个企业，需要把企业的经营期间切段，分成若干连续、长短相同的期间，这叫会计分期。会计分期的目的是方便企业进行考核和评价，为了考核合理，有一些当期发生但受益期较长的支出就需要分摊，比如企业购入一辆小轿车支出20万元，预计使用寿命是10年，如果把这20万元全部作为当年的费用，那对当年的利润影响很大。小轿车预计使用寿命是10年，相关支出如果由一年来承担显然不合理，需要将相关支出在10年中进行分摊，一年分摊一部分，这样每年承担一部分费用，对企业利润的考核也就更加合理一些，这就是会计折旧和摊销的理论依据，没有会计分期就没有折旧和摊销了。

【会计故事会·化妆品摊销】

小敏这个月心情不太好，常言道美食和购物可以治愈女性各种不开心。小敏这个月疯狂消费，衣服5 000元，化妆品6 000元，美食5 000元……这些支出中有些要作为这个月的费用，比如美食吃完就完了。有些需要分摊，比如衣服虽然支出了5 000元，但衣服不是一次性的，可以穿好几年，相关支出可以在使用期间内进行分摊。化妆品也是一样，可以在使用期分摊。之所以要分摊支出就是要合理反映小敏这个月的费用，如果是统计小敏一辈子的所有花销就没有必要摊销了，都算上就可以。

4. 货币计量

企业所有的交易和事项必须量化才能更好地提供决策有用的信息，便于比较和信息汇总。会计上用货币作为统一的量化方式，将所有的交易和事项都用金额来表示那就很好计量了。比如企业买了100只鸡花了2 000元，这些鸡下了

1 000个鸡蛋价值1 000元，卖出去了800个收到800元，还剩下200个鸡蛋，养鸡的饲养费花了200元。别人甚至不关心你的鸡到底下了多少个蛋，只关心这些蛋到底值多少钱。不关心鸡吃的什么鸡饲料，只关心鸡饲料的成本是多少钱。

【会计故事会·家庭主妇】

小敏的闺蜜早早结婚生子成为家庭主妇，平日里照顾老公、教育孩子、赡养老人等，这些事项要量化了才能提供决策有用的信息，比如一个普通的家政阿姨平均每个月的工资在6 000元左右，如果是私人教师深谙育儿，那么就得1万~2万元不止。家庭主妇平日里不知不觉，“不算不知道，一算吓一跳”，把所有家务活都货币化计量，家庭主妇的工资可能要高于自己的丈夫。

二、会计基础

包子铺老顾客小李来吃早点，结账的时候一摸口袋没带钱包没法买单，只能赊账。小李吃早饭的时候虽然没付钱但包子是实打实地吃了，“吃了高老板家的包子干活不累，神清气爽”，应当确认费用，表明满血状态干活有力气。第二天付钱的时候，虽然钱付了但包子没吃，肚子仍然是饥肠辘辘，不能确认费用，饭没吃干活干不动。会计上以权利和责任是否发生为标准作为本期收入和费用的标准，而不管当期是否实际收到和支付现金，这种会计处理方式叫权责发生制。权就是权利，比如收款的权利，东西卖出去了有收款的权利就应当确认收入，不管钱实际有没有收到。责就是责任，只要承担了支付费用的责任就要确认费用，比如包子吃了就承担了支付费用的责任，不管当时实际有没有支付。相反如果不管三七二十一，见钱眼开，按照现金收付的时点来确认相关收入和费用，这种方式叫收付实现制。企业在编制资产负债表和利润表时依据的是权责发生制，在编制现金流量表时依据的是收付实现制。具体如图 1－1 所示。

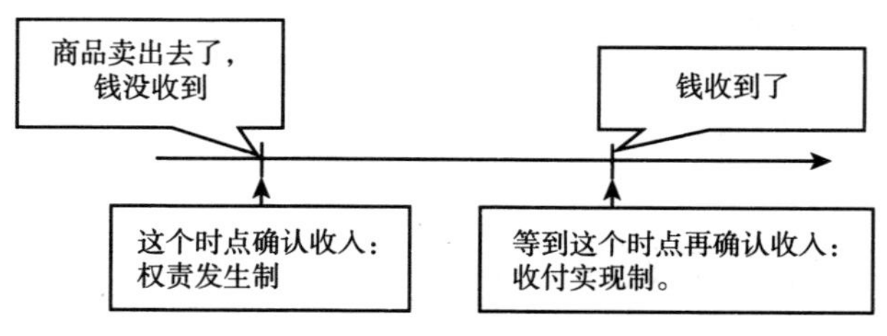

图 1－1　会计基础

【会计故事会·信用卡】

小敏办了一张银行信用卡，信用卡刷卡消费不需要实际支付现金，下个月还款日再支付上个月的账单。如果在还款日再确认费用就是收付实现制，如果刷卡消费日确认费用就是权责发生制。小敏用信用卡刷卡消费时，幸福感爆棚，这个时候需要把幸福的状态及时报告出来，不管钱有没有支付。如果等还款日才确认费用就容易误导别人，以为还款日你很高兴，实际上还款日不是喜悦而是痛苦，恨不得剁手。一般来说，权责发生制能够提供更相关的会计信息，更有利于利用会计信息来进行决策。

第三节　会计信息质量要求：八项规定

会计信息质量要求是使财务报告中所提供的会计信息对报表使用者决策有用和更好地反映受托责任履行情况应具备的基本特征，包括可靠性、相关性、可理解性、可比性、实质重于形式、重要性、谨慎性和及时性八个要求，我们称之为会计界的“八项规定”[①]。

一、可靠性

包子铺口碑很重要，如果包子铺虚假宣传，凭空捏造好评

---

① 2012年12月4日，中共中央政治局召开会议，审议通过关于改进工作作风、密切联系群众的八项规定。

和点赞，这样的信息就是假信息，不可靠，或者包子铺只选择披露“好评”不披露“差评”，披露的信息不完整，选择性披露，这样的信息也违背了可靠性的要求，会误导顾客作出错误决策。可靠性强调信息的真实性、完整性，要求会计信息以实际发生的交易或者事项为依据进行会计处理，如实反映，保证会计信息真实可靠、内容完整，不造假、不选择性披露。

【会计故事会·萝莉变大妈】

网红主播“乔碧萝殿下”平时不露脸，靠甜美的声音圈粉，结果有一次直播时出现BUG，遮脸图片没显示，真实容貌被迫曝光，画面中显示这是一位皮肤黝黑的中年女士。追随已久的男粉丝全崩溃了，纷纷大呼受骗，一名砸了10万元刷礼物的男粉丝更是愤怒到销号。这就是典型的提供信息不完整、不真实，违背了可靠性的要求。

二、相关性

小敏下班后按照导航路线回家，如果导向设置错误推荐的是一条观光路线，回家途径的都是名胜古迹，但堵得水泄不通。对小敏来说导航提供的观光路线就不是相关信息，因为小敏现在不是在旅游，而是想找一条最畅通的路回家，归心似箭。导航提供一条畅通无阻的路线才是相关信息。相关性强调信息的有用性，要求会计信息应当与财务报告使用者的经济决策需要相关。

【会计故事会·讲啥考啥】

小敏初级会计师考试报了一个辅导班，授课老师讲课绘声绘色、幽默风趣、课堂氛围轻松活跃，但就是绕着考点讲，讲课内容大部分与考试无关，“考的没讲，讲的不考”，这就是针对性不强，会计上叫不相关性。讲啥考啥、怎么讲怎么考、押题准确，这说明相关性很高。

三、可理解性

1996 年春节联欢晚会赵丽蓉、巩汉林等的小品《打工奇遇》荣获小品类一等奖。小品中有一道菜叫“群英荟萃”，菜的名字一听高大上，实际上就是炒白萝卜、胡萝卜、绿萝卜。群英荟萃不容易理解，直接叫炒萝卜就好理解了，这就是可理解性，让别人容易理解。会计信息要求清晰明了，便于理解和使用，不能故弄玄虚，要接地气，一听就懂，不用过多解释。

【会计故事会·阿尔茨海默病】

姚晨、倪大红领衔主演的电视剧《都挺好》中，倪大红老师扮演的苏大强患上了阿尔茨海默病，自己的姓名和年龄都忘记了，亲人也不认识了，每天自言自语。该病是德国精神科医师及神经病理学家爱罗斯·阿尔茨海默（Alois Alzheimer）首先发现后来并以他的名字命名为阿尔茨海默病，实际上就是老年痴呆，如果说老年痴呆大家就容易理解了。

四、可比性

不怕不识货，就怕货比货，没有对比就没有伤害，会计信息非常强调可比性。可比性包括两个维度：一是同一企业不同时期发生的相同或相似交易或事项，采用一致的会计政策。会计信息主要提供给股东、债权人、其他利益相关者等决策使用，比如对管理者的考核、扩大生产经营等，要求企业披露的不同期间的财务信息口径是一致的，相同或类似的业务应该使用同一会计处理方法，不得随意变更。二是不同企业同一会计期间采用相同或相似的会计政策。比如投资者购买股票，需要将同行业中的企业财务信息进行比较，看看哪家企业更值得投资。这就要求不同企业在相同期间对相同或类似的业务使用同一会计处理方法，否则无法进行比较，也就无法做出决策。会计信息要将不同的企业或同一企业不同期间的会计信息放在统一的起跑线上，这样才能知道孰优孰劣。

【会计故事会·比高高】

高老板的小孩正在上初中长身体的阶段，每月都喜欢量身高，上月赤脚身高150cm，这个月穿鞋身高155cm，到底这个月长没长？不好说，因为没有可比性，上个月赤脚身高这个月应该也量赤脚身高才更精确，这叫自己和自己要统一标准保持可比性。假设这个月赤脚身高153cm，说明这个月长了3cm，但这个3cm是不是正常呢？也不好说，需要与同龄人进行比较，如果同龄人这个月平均长5cm，这就说明小高同学长得慢了，需要加强营养增加体育锻炼，这叫同行业的可比性。同行业的可比性要求相关的会计信息采取相同的会计核算标准，中国同龄人、欧美国家同龄人其身高增长标准都不同，比较的基础要一致，不能拿中国人和外国人直接进行比较。

五、实质重于形式

某员工上班没打卡，但实际上该员工来上班了，而且没有迟到早退，只是忘记打卡了，如果从形式上看这个员工没有上班，但从实质上看这个员工并没有旷工，是看形式还是看实质？实质重于形式要求会计信息按照交易或者事项的经济实质进行核算，而不应仅以交易或者事项的法律形式为依据。“实质”是指交易或事项的经济实质，“形式”是指交易或事项的法律形式。企业发生的交易或事项，在大多数情况下，其经济实质和法律形式基本上是一致的。在某些特殊情况下，经济实质与法律形式存在一定的差异。比如出售商品100万元，并同时约定一年以后按照110万元的价格回购。法律形式上这是一个销售业务，商品也发出了，钱也收到了。但实质上这是一个借款，以商品作为抵押，借款100万元，一年以后归还本金和利息110万元，同时收回抵押物。会计上收到100万元要按照借款的业务来核算，不能确认收入。

【会计故事会·被打劫了】

月黑风高的夜晚，包子铺小强晚上下班回家，在街角的拐弯处一彪形大汉从后面搂住小强的肩膀，说道："兄弟，最近手头比较紧，借哥点钱用吧！"形式上说是借钱，实质上是小强"被打劫"了，会计上要按照业务的经济实质即"被打劫"来进行会计处理，而不是作为借款处理。

六、重要性

重要性要求重要的信息一个都不能少，不重要的信息少一个也没关系。会计要求提供的信息应当反映与企业财务状况、经营成果和现金流量有关的所有重要交易或者事项。重要性原则下经济业务的发生对企业的财务状况和损益影响甚微时可以用简单的方法核算；反之，当经济业务的发生对企业的财务状况和损益影响很大时，就应当严格按照规定的会计方法进行核算。比如企业发生的某些支出，金额较小，从支出的受益期来看需要在若干会计期间进行分摊，但根据重要性要求可以一次性计入费用。

【会计故事会·检查行李】

出差前，要把重要的东西一项一项检查一遍，包括身份证、手机等重要的东西一定不能遗漏，要不然没身份证上不了车，没有手机两眼一抹黑。但不重要的东西，比如车上带的零食、换洗衣服，多一件少一件没太大关系，检查行李的时候不用一件一件检查，扫一眼就行了。

七、谨慎性

谨慎性几乎成为会计人员的代名词，谨言慎行，小心说话，谨慎做事，低调得很。谨慎性要求在会计工作中既不高估资产或收益也不低估负债或者费用，即对资产和收益这类好消息没有把握尽量少记，对负债和费用这类坏消息没有把握尽量记全面，坏消息不要遗漏、好消息要低调。谨慎性是一种非对称的艺术，对好消息和坏消息处理方式不同，对不确定的坏消息宁可信其有，对不确定的好消息宁可信其无。

【会计故事会·提前10分钟】

小敏去包子铺上班路上一切顺利的话大概30分钟路程，每次小敏都提前10分钟出门生怕路上遇到意外导致上班迟到，这就是谨慎性，尽量把可能耽搁的时间都考虑到，不要盲目乐观，哪怕辛苦一点，提前起床，少休息一会。我们也能从一件小事看出一个人对工作的态度，一个工作从来不迟到的人肯定是一个很自律、能够坚持的人。

八、及时性

古时盛产黄花菜的湖南地域，家家户户有个习俗，就是宴请宾客时在院中摆上满桌的酒菜，最后一道压轴菜是黄花菜，如果哪个客人到了上黄花菜的时候才来，大家就会说“等到黄花菜都凉了”，以此来调侃客人来得太迟。过期的新闻没人看，迟到的军事情报没有用，同样会计信息若不及时记录、及时加工、及时生成和报送就会失去时效性对决策帮助不大。会计信息要及时地披露出去才更有价值，如果变成老黄历，会计信息含金量就不高了。及时性要求提供会计信息要快，不要拖拖拉拉，要求企业对于已经发生的交易或事项，及时进行会计处理，不要拖延，这个月的发票不要因为工作忙而拖到下个月才进行会计处理。

【会计故事会·导航信息】

随着北京交通压力加大，越来越多的司机开始参考路面上的拥堵度显示屏（交通诱导屏）。然而，不少司机反映按照诱导屏行车却经常遭遇不准确的情形。小王从老家驾车返京，在京藏高速来广营桥北的交通诱导屏上看到，前方道路显示为绿色，他便果断选择了这条路。结果刚驶过来广营桥还不到一公里，前方路况就开始拥堵起来，再走了几百米至于完全停止。主要原因是信息更新不及时，交通诱导屏显示前方畅通，司机朋友们便集中选择畅通路段，导致了拥堵。但是拥堵的信息发布出去存在时滞，反而路况显示拥堵的路线实际可能更畅通。

第四节　会计要素：分门别类

会计就是信息的分类、加工和处理的过程。会计的目标是提供信息，企业的信息很多而且看似杂乱无章，需要将这些信息进行分类，分成资产类的信息、负债类的信息、所有者权益类的信息、收入类的信息、费用类的信息和利润类的信息，一共六大类信息。每一类信息就是一个会计要素，会计上共有资产、负债、所有者权益、收入、费用和利润六个会计要素。会计要素之间的关系如表1－1所示。

表1－1　　会计要素关系

反映企业财务状况的信息	反映企业经营成果的信息
资产＝负债＋所有者权益	收入－费用＝利润

【会计故事会·图书分类】

小张在校期间在图书馆勤工俭学负责整理图书，图书馆的书成千上万册，如果堆积在一起杂乱无章很难找到想要的书籍。小张的工作就是负责将图书进行归类整理，并摆放在相应的书架上。根据相关要求将图书分为马列主义、毛泽东思想，哲学，社会科学，自然科学，综合性图书五大部类，22个基本大类，每本书按照所属学科门类编号，并按每组书架自上而下、自左而右排列和上架，每排书架要有架标，方便读者迅速查找图书。图书的分类与会计要素的分类原理一致，将相关信息分门别类，方便报表使用者使用会计信息。

一、资产

资产就是财产，任何一项财产都名花有主产权明晰，而且产权具有排他性。会计上将资产定义为过去的交易或者事项形成的、由企业拥有或控制的、预期会给企业带来经济利益的资源。这个定义中强调以下三点：一是资产一定是有用的，即是一项资源，能够带来好处，人见人爱、花见花开，会计上没有负资产，负资产直接转入费用处理掉了。二是资产的产权是企业自己的，不是别人的，属于你的才是资产，不属于你的只能羡慕嫉妒恨。三是资产是真真切切的，不是未来虚的和梦想中的，必须是现在就存在，不能画饼。另外，有些资产虽然符合资产的定义但不一定在会计上确认为一项资产，会计记录的资产还需要满足确认条件，包括经济利益很可能流入、该资源的成本或者价格能够可靠地计量，确认条件实际上体现了会计谨慎性原则和金额可计量原则。具体如表 1－2 所示。

表 1－2　　资产特征与确认条件

要素	特征	确认条件
资产	1. 预期带来经济利益 2. 企业拥有或者控制的资源 3. 过去的交易或者事项形成	1. 经济利益很可能流入 2. 该资源的成本或者价格能够可靠计量

【会计故事会·孙悟空是资产吗?】

大家都看过《西游记》，《西游记》中孙悟空是不是资产？孙悟空是不是资产要看是否满足三个条件。一看是不是过去的交易或事项。唐僧路过五指山把孙悟空救出来，孙悟空感动得哭了，属于过去的交易或事项。二看是否拥有或控制。当孙悟空戴上紧箍咒的这天，唐僧才能控制孙悟空，不听话就念咒语。三看是不是资源。孙悟空武功高强，是一个很好的保镖，因而是难得的资源。从这个角度看，孙悟空戴上紧箍咒的这一天应该确认为唐僧的一项资产。

【会计故事会·买彩票】

小张买了一张彩票奖金是500万元。这张彩票符合资产的概念，过去买的，中了奖属于小王的，预期会带来500万元。我们看看是否符合确认条件，如果中奖未来流入的金额是确定的500万元，但是能不能很可能流入呢，如果很可能流入大家都去买彩票了，还辛辛苦苦考证干嘛?

【会计故事会·大师怎么记账】

1931年12月3日，清华大学迎来了第10任校长梅贻琦，梅贻琦校长在就职典礼上留下了中国大学史上最著名的一句话："所谓大学之大，非有大楼之谓也，乃有大师之谓也。"大学最核心的资产的老师，老师也符合会计上资产的定义，但是老师作为一项资产或资源金额是多少？这个不好计量，大师是无价之宝，会计是货币计量，没有金额就无法在报表上列示，这叫该资源的成本或者价格不能够可靠地计量不确认资产。

二、负债

负是背负的意思，负债就是背负沉甸甸的债务。负债就是向别人借的钱，借钱是要还的，这是负债的根本属性，所以债务前面加个“负”，要负责任，对待负债要认真不能马虎，否则后果你懂得的。会计上负债是过去的交易或者事项形成的、预期会导致经济利益流出企业的现时义务。负债的概念注意以下两点：一是负债是要还的，这叫预期会导致经济利益流出；二是负债是过去借的钱，现在还没有还。如果过去借的钱现在已经还完了就不是负债了。或者未来准备借现在还没有借的钱，现在也不是负债，借了才叫负债。具体如表1－3所示。

表1－3　　负债特征与确认条件

要素	特征	确认条件
负债	1. 企业承担的现时义务 2. 预期会导致经济利益流出 3. 过去的交易或者事项形成	1. 经济利益很可能流出 2. 未来流出的经济利益能够可靠地计量

【会计故事会·姐姐的借款】

小强向姐姐借 1 000 元钱用于谈恋爱，钱已经借了，这叫过去的交易或事项形成的。如果小强准备将来把 1 000 元还给姐姐，这叫预期会导致经济利益的流出，没有还钱之前确认为一项负债。如果小强借钱后不准备还了，这就不是预期会导致经济利益的流出了，不是负债是收入。

三、所有者权益

资产 = 负债 + 所有者权益，资产的来源有两个：一是债权人；另一个是股东，股东的权益叫所有者权益。资产 – 负债 = 所有者权益，所有者权益是剩余权益，也就是最后的庄家，剩下的多多少少都是我的。所有者权益既然是剩余权益，意味着它完全是被动的，只能任听别人摆布，把资产负债记录好了，剩下的就是所有者权益，没得商量。所有者权益包括股东投入的资本和企业剩余的盈利两部分。具体如表 1 – 4 所示。

表 1 – 4　　所有者权益特征与确认条件

要素	特征	确认条件
所有者权益	由所有者投入的资本、资本公积、其他综合收益以及盈余公积和未分配利润构成	依赖于其他会计要素，尤其是资产和负债的确认

【会计故事会·准丈母娘的尽职调查】

小敏到了婚配的年龄，隔壁邻居张大妈给小敏介绍了一个远方亲戚小张。这天小敏的父母偷偷过来做尽职调查，一看小张家房子、车子一应俱全，看上去家底很殷实。进一步了解发现小张家建房子和买车的钱都是借的，负债累累，这就是典型的外表风光、家底拮据，所以尽职调查除了看外表的资产，关键还要看实际的所有者权益。

四、收入

收入是企业销售商品或提供服务收到的款项，也就是说卖了产品、干了活收到的钱就是收入。会计上将收入定义成日常活动中形成的、会导致所有者权益增加的、与所有者投入资本无关的经济利益的总流入。与收入对应的概念是利得，利得就是“走在马路上捡到 1 块钱，把它放在自己口袋里面”，天上掉的馅饼砸到你了，偶然性的收益不是每天都有的。

【会计故事会·守株待兔】

宋国有个农民，他的田地中有一截树桩。一天，一只跑得飞快的野兔撞在了树桩上，扭断了脖子死了。这就是利得，天上掉的馅饼。如果每天都有一只不知死活的野兔往树桩上撞，农夫天天守着这截树桩就可以了，属于日常活动，这就是收入。

五、费用

费用是取得收入的代价，“没有付出就没有收获”，收获就是收入，付出就是费用。费用是指企业在日常活动中发生的、会导致所有者权益减少的、与向所有者分配利润无关的经济利益的总流出。与费用对应的是损失，损失是非日常活动形成的。

【会计故事会·鱼饵】

高老板周末喜欢钓鱼，钓鱼先要有鱼饵，这就是费用，钓上的鱼就是收入。会计上收入和费用是成双成对的，有收入就有费用，这叫配比原则。而利得和损失不强调配比，是单边的、偶然的。

六、利润

收入减去费用后的净额反映的是企业日常活动的业绩，也叫利润。收入多不一定利润大，企业在经营过程中，一方面要开源增加收入，另一方面要节流减少费用，这样才能创造更多的利润。

【会计故事会·薄利多销】

高老板正在思考包子铺的战略。一是“薄利多销”。“薄利多销”就是降低包子的价格增加销量，虽然单个包子难以给自己带来高额利润，但却能够让销售额快速上涨，这些微薄的利润叠加起来还是相当可观。二是“厚利适销”。实行差异化战略，提高包子质量和服务质量，提高包子价格。不管是“薄利多销”还是“厚利适销”最终都要看利润，看哪种模式利润更高。

第五节　会计计量：千变万化

会计计量是解决会计的金额问题，会计计量是将符合确认条件的会计要素登记入账并列报于财务报表而确定其金额的过程，比如买一只母鸡花了 100 元，首先会计上要确认这只母鸡是买回来吃还是买回来养，买回来养的话还要分是准备留着下蛋卖鸡蛋还是养大了卖鸡，不同的目的会计上确认的会计科目是不一样的。如果买回来吃直接作为费用处理，如果养鸡下蛋就是生产性生物资产，养鸡卖鸡就是消耗性生物资产，这是会计确认问题，解决到底是记入哪个科目。确认完以后就要确定金额，这是计量问题。购买母鸡花了 100 元，这是历史成本。母鸡养了一年，假设从市场上购买一只同样大小相同品种的母鸡需要 120 元，这就是重置成本。如果现在准备把这只已经养殖一年、全绿色食品的母鸡卖出去能卖150元，这就是公允价值（注意与重置成本不同，重置成本是购入，公允价值是出售）。如果准备再养一年变成老母鸡再卖，老母鸡的售价240元减去再养一年的成本和出售老母鸡的销售费用等60元，估计到手金额180元，这就是可变现净值。如果养鸡是为了下蛋，把母鸡每年下的蛋和母鸡报废时的收益加起来，看看这只母鸡一辈子到底能值多少钱，由于时间比较长，需要把每年的鸡蛋收益和最后的报废收益按照折现率折一下现，计算连鸡带蛋的现值为200元，未来产生的现金流折现就是现值。

一、历史成本

包子铺从菜市场采购100斤大白菜作为原材料，花了250元，这250元就是白菜实际成本，而且成本前面还加了一个“历史”，历史是已经实际发生的，是过去时，是不会变的，不能篡改历史，要不然就会成为历史的罪人。会计上将历史成本界定为实际支付的成本，就是取得或制造某项财产物资时所实际支付的现金或者其他等价物。从受托责任观的角度看，会计的目标是考核管理层受托责任的履行情况，强调的是“事”，是已经发生交易。历史成本一方面突出“交易已经发生”，事情实际存在；另一方面强调金额是实际发生的。

历史成本计量与受托责任观的目标比较匹配。

【会计故事会·房价】

网上有个段子流传甚广，说的是一个北京人，1984 年为了出国圆梦，卖掉了自己在鼓楼大街的一套四合院，凑够了 30 万元人民币，背井离乡到美国淘金。筚路蓝缕、风餐露宿，大雨大雪都坚持送外卖、刷盘子不休息，打工之余还在晚上熬夜学外语，在贫民窟被抢 7 次、被打 3 次……辛苦节俭 30 年，如今已是两鬓斑白，但是功夫不负有心人，30 多年的打拼，终于攒够了 100 万美元，本想可以回国颐养天年尽享荣华了。一回北京，发现当年卖掉的四合院现在挂牌 8 000 多万元人民币，瞬间崩溃……对于 1984 年花 30 万元人民币买房子的人来说，不管房子价格现在是 8 000 万元人民币还是 1 亿元人民币，历史成本就是 30 万元人民币，这个是历史，不会改变。

二、重置成本

某企业在刚成立的时候财务还不是很规范，老板最初的时候都是自己掏钱购买设备，账没做，这些设备用了很久，质量挺好，用着挺好，但是现在账上没有，属于无名户，这个时候就要用到“重置成本”来重新入账。重置成本是指现在重新购置一项相同资产的实际成本。以前购置的已经发生的成本是历史成本，现在采购这个时点实际发生的成本是重置成本，重置成本本质上与历史成本相同，只是时点不同。

【会计故事会·盘盈的瓶装矿泉水】

月末，超市业务员盘点时发现货架上多了一瓶矿泉水，账上没有记账，这就叫盘盈。账上没有任何这瓶水的信息，现在盘盈的矿泉水需要登记到账户上去上户口，问题是这瓶水的入账价值是多少？假设现在购入同样一瓶矿泉水的成本是0.5元，超市货架上这瓶水的售价是1元。那么0.5元就是重置成本，即现在重新购入相同资产的成本，可能原来的历史成本是0.4元，但是现在的重置成本就是0.5元。

三、可变现净值

“变现”就是出售变成现金流，“净值”就是出售时收到的现金流减去销售过程中支付的相关税金和费用后到手的净额。“可”是假设的意思，现在还没有真的出售，是假设出售。产成品的可变现净值是假设把商品出售出去收到的价款减去相关税费后到手的净额。

【会计故事会·土鸡蛋】

小李在乡下承包了100亩的荒山，盖了几间房，围起了栅栏，开始养鸡下蛋。市场上一枚鸡蛋能卖1.5元，运输费、包装费等每个鸡蛋0.2元，出售一枚鸡蛋到手的金额为1.3元，这就是可变现净值，把手上这枚鸡蛋出售后到手的为净额。

四、现值

你现在有100万元存入银行，年利率是2.5%，一年后本金和利息就是102.5万元［100×(1+2.5%)］。站在存钱的这个时点上看，这100万元就是现值，是一年后的102.5万元的现值，反过来，102.5万元叫1年后100万元的终值。现值是指对未来现金流量以恰当的折现率进行折现后的价值，是考虑货币时间价值因素等的一种计量属性。在现值计量下，资产按照预计从其持续使用和最终处置中所产生的未来净现金流入量的折现金额计量；负债按照预计期限内需要偿还的未来净现金流出量的折现金额计量。

【会计故事会·未来之镜】

想知道自己10年后是什么样子的吗？现在有意大利科学家研发了一面“未来之镜”，能够预测你几个月甚至10年后的模样。“未来之镜”的创造者里卡尔多·塞勒塞说，这不是巫术，而是把“数据可视化发挥到极致”。“未来之镜”把UI覆盖在部分反光玻璃上，用多光谱摄影机拍摄你的动作，

3D 扫描仪分析你的体格，面部识别软件审视你的脸型以确定体重增减。与此同时，内置传感器可以发现抑郁的迹象和其他可视数据。这些镜子还可以和其他的健康 APP 结合起来，跟踪你的热量摄入、健康征兆和睡眠质量等。因此，当你对着镜子刮胡子和涂唇膏时，你就会知晓自己在几个月后甚至 10 年后是什么样子。未来 10 年的样子是终值，现在的你就是现值。

五、公允价值

公允价值属于少数服从多数，大家对同一资产的价值有不同的看法，盲人摸象各说各的，公说公有理婆说婆有理，最后一锤定音少数服从多数，大多数人都认可的价值就是公允价值，所以公允价值不要看它名字很时髦、潇洒，实际上很心虚，不像历史成本是多少就是多少，公允价值是各说各有理。会计上公允价值是指市场参与者在计量日发生的有序交易中出售一项资产所能收到或者转移一项负债所需支付的价格。比如大妈手里有白菜，可以在小区里面卖，价格是 2 元/斤，也可以在远处的大菜市场卖，价格是 2. 5 元/斤。如果大妈嫌大菜市场路远，一般都是在小区里面卖白菜，那么白菜的可变现净值是 2 元/斤，即实际出售的市场。但白菜的公允价值是 2. 5 元/斤，因为大菜市场人多，更多的人认可这个价格，也就更加公允，所以叫公允价值。

【会计故事会·最美志愿者】

为了引导和激励更多新冠肺炎防疫志愿者广泛参与防疫志愿服务工作，宣传在新冠肺炎疫情防控工作中主动服务一线、具有代表性、事迹感人、具有良好社会影响优秀防疫志愿者，某市举行最美志愿者网络评选活动，10 名候选人中得票最多就是最美志愿者。得票最高的就是认可度最高也就是最公允的。

第六节　财务报告：底子面子日子根子

财务报表是会计工作的最终产品，各种发票、车票等票据就是会计工作的原材料，会计工作从一张张的票据最后加工成一套精美绝伦的财务报表。

一、会计凭证

凭证就是登记账簿的凭证，比如乘飞机的登机牌、火车的车票等。会计凭证是指记录经济业务发生或者完成情况的书面证明，是登记账簿的依据，包括原始凭证和记账凭证。具体如图 1－2 所示。

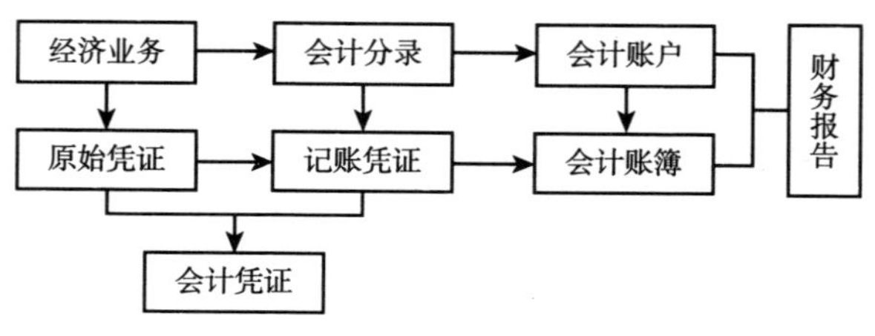

图 1－2　会计流程

1. 原始凭证

原始凭证就是相关业务发生与否的证明，比如各种发票，也有企业内部的原始凭证，比如工资单、考勤单等。会计上刷脸没用，要用“凭证”说话。包子铺的原始凭证包括采购面粉的发票，市场上采购猪肉、蔬菜的收据，内部员工的工时和工资单，水电费和房租的发票，销售包子对外开具的发票或者收款的流水等，这些都是原始凭证，用来证明相关业务真实发生，有凭有据有真相。新技术对会计凭证也产生了颠覆性的变革，比如“区块链电子发票”，就是区块链 + 发票，当我们用线上支付完成一笔交易后，这笔交易信息就等同为一张“发票”，这张“发票”可以通过区块链分布式存储技术连接交易双方、税务、商户等每一个发票相关人，实现“交易即开票，开票即报销”。

【会计故事会 · 退还的彩礼】

两个年轻人退婚后商量退还彩礼钱，怎么证明男方支付了多少彩礼钱呢。一是可以查看双方的短信、微信等通信工具的聊天记录，看看有没有讨论和支付彩礼的信息；二是通过银行转账方式支付的礼金可以提供银行转账明细，若是购买房屋或者车辆可以提供自己的出资证明；三是根据当地的风俗可以听取当地媒婆、村委相关负责人等人的反馈和证明，比如写一个书面证明。这些证据都是原始凭证，目的是证明是不是支付了彩礼钱，金额到底是多少。

2. 记账凭证

会计强调事过留痕，用凭证说话，会计原始凭证是零散的，需要根据原始凭证分门别类、系统地录入数据或信息仓库，也就是账簿，最后根据账簿信息再汇总到财务报表。早期的会计根据原始凭证直接登记账簿，形成了从“原始凭证—会计账簿—会计报表”的账务处理程序。随着经济发展，经济活动越来越多，也越来越复杂，直接根据原始凭证（比如发货单、入库单、发票、领料单等）登记账簿就比较困难，因为原始凭证上通常没有会计科目和借贷，而且分类账户种类很多，登记的时候也不好找，为了提高效率和准确性，就先根据原始凭证编制记账凭证，以便于登记账簿，并且将发生的原始凭证粘贴在记账凭证上。这样就形成了“经济活动—原始凭证（发票等）—记账凭证（分录）—会计账簿（明细账、总账）—会计报表”的账务处理程序，提高了会计处理的效率。

记账凭证是将原始凭证转化成专业的会计语言，比如，2022 年 1 月 1 日，包子铺销售了 1 000 个猪肉大葱馅包子，每个包子售价 1 元，收到 1 000 元的现金。这笔业务的原始凭证有包子的出笼单、收款单等，转化成会计语言就是：

借：库存现金　　　　　　　　　　　　1 000

　　贷：主营业务收入　　　　　　　　　　1 000

记账凭证的格式如表 1 – 5 所示。

表 1 – 5　　　　　　记账凭证　　　　　　凭字第 1 号

摘要	借方	贷方	金额										
			亿	千	百	十	万	千	百	十	元	角	分
销售包子 1 000 个	库存现金							1	0	0	0	0	0
		主营业务收入						1	0	0	0	0	0
合计							¥	1	0	0	0	0	0

会计主管：　　　　　　　　　　　　出纳：　　会计：　　制单：

【会计故事会·快递的标签】

现在快递进入了千家万户，大家知道快递的分拣过程吗？首先是收件，类似于会计上的原始凭证，收件的时候要在快递袋上贴上标签，标签有运单号、收件地址、寄件地址、收件人、寄件人信息以及包裹内的物品等信息，形成一个二维码，这个过程就是将原始凭证转化为记账凭证的过程，变成了快递行业的标准语言了，并粘贴在快递上。其次是将所有快递通过分拣机进行分拣，分拣机具有高速运转、智能化、自动分拣等功能，其传送带上分收件地址设置不同的出口，每个出口都对应着全国各省市县末端的投递区域，这个分拣类似于会计上根据会计凭证分拣登记账簿。

二、会计账簿

会计账簿，简称账簿，是以经过审核的会计凭证为依据，把会计凭证上的信息分门别类地录入账簿，以便全面、系统、连续地记录各项经济业务。具体如表 1 - 6 所示。

表 1 - 6　　库存现金

年		凭证		对方科目	摘要	借方							贷方							余额						
月	日	种类	号数			万	千	百	十	元	角	分	万	千	百	十	元	角	分	万	千	百	十	元	角	分

【会计故事会·账簿仓库】

会计账簿就是一个仓库，包子铺把做好的各种馅的包子分别放入不同的蒸笼里面，分别给蒸笼贴标签“猪肉大葱馅”“韭菜鸡蛋馅”等，其中“猪肉大葱馅”蒸笼陈放的全部是“猪肉大葱馅”，进来多少个，出去多少个，剩余多少个，连续地记录下来，这就类似于账簿，全面、系统、连续地记录各项经济业务。

三、财务报表

财务报表是会计工作的最终成果，从原始凭证到记账凭证，再到账簿，最后汇总到财务报表上。财务报表包括资产负债表、利润表、现金流量表和所有者权益变动表，俗称四件套（见图1－3）。资产负债表也称为财务状况，反映某一时点的资产、负债和所有者权益。在所有的财务报表中，资产负债表最为重要的，特别是资产反映企业控制或拥有的资源，就像一个人的底子。利润表也叫损益表，反映企业一段时期内的经营成果，包括收入、费用和利润，就是一个人的能力，如果有收入和利润会感到倍儿有面子。现金流量表反映了一个时期企业现金流的流入和流出，是一家企业的日子。所有者权益变动表是反映构成所有者权益各组成部分当期增减变动情况的报表，是企业的根基。如果企业是一个高富帅，那么他家里肯定是有房有车有矿底子殷实，每月收入也很高有面子，现金也很充裕，日子过得就很舒坦。

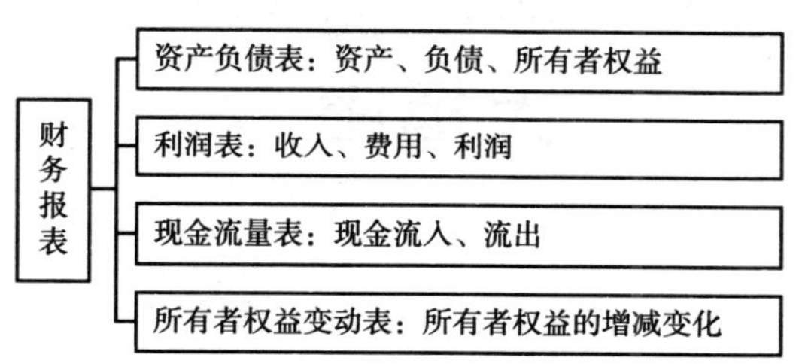

图 1－3 财务报表

【会计故事会·财务报表】

小敏的父母对小敏男朋友作尽调的时候，重点了解小伙家底怎样、家里有多少财产，不光要看面子（资产），还要看里子（负债），这叫了解对方的财务状况；了解小伙收入来源，包括工资收入、投资收入以及消费支出情况等，这叫了解对方的经营情况；现金流量也别忘了了解，家底殷实如果现金流没管好也会断粮饿肚子，现金为王。

第二章　资产负债表：家底大揭密

第一节　资产负债表的面纱

一、资产负债表的内涵：相亲小伙的财务状况

某日美女与小伙相亲约会谈论到房产，小伙自豪地说最近刚购置了一套价值 100 万元的房子，这套价值 100 万元的房子就是小伙的资产。除了关注房子还需要注意购房款是小伙自己花钱买的还是借钱买的。小伙这套房子自己首付了 30 万元，另外的 70 万元都是借款。70 万元借款就是负债，未来是要还的而且还有利息，自己的 30 万元不用还这叫所有者权益，小伙的资产负债率为 70%（资产负债率 = 负债/资产总额，即 70/100），会计上把资产、负债和所有者权益叫财务

状况，反映一个企业的家底。资产负债表如表 2－1 所示。

表 2－1　　　　资产负债表（简表）

单位：　　　　年　月　日　　　　单位：元

项目	金额	项目	金额
货币资金		负债	
存货		短期借款	
交易性金融资产		应交税费	
应收账款		应付职工薪酬	
流动资产合计		应付账款	
固定资产		流动负债合计	
无形资产		长期借款	
投资性房地产		应付债券	
长期股权投资		预计负债	
债权投资		负债合计	
其他债权投资		所有者权益	
其他权益工具投资		实收资本	
非流动资产合计		资本公积	
		其他综合收益	
		盈余公积	
		未分配利润	
		所有者权益合计	
资产总计		负债和所有者权益合计	

资产负债表中，资产＝负债＋所有者权益，任何企业、任何时点这个公式都成立，因此，会计上把这个规律总结为会计恒等式。会计恒等式展现出一种对称的平衡美，与中国

古代“阴阳平衡”的哲学思想一致。现实生活中对称的平衡美随处可见，比如人的身体就是左右对称的。会计恒等式左边的资产表示自己拥有的资源，右边说明资产的来源，资产的来源有两个：一是自己的钱购买的资产；二是借钱购入的资产。世间万物都有根有源，比如女孩衣柜里形形色色的衣服，每件衣服都有来源，有的是自己买的，有的是男朋友送的，每一件衣服都有明确的来源。

资产负债表反映的是时点数，因为每时每刻资产、负债以及所有者权益都是在变化的。资产负债表中的资产、负债和所有者权益也需要展现更多的明细，比如把资产按照资产的形态和持有意图来分类，把衣服按季节分为春装、秋装、冬装、夏装，按服装的厚薄和衬垫材料分为单衣类、夹衣类、棉衣类、羽绒服、丝棉服等。负债按照借款时间和对象进行进一步分为短期借款、应交税费、应付职工薪酬、预计负债等。

二、资产负债表的排序：排序很重要

包子铺的生产经营过程实际上就是现金流动的过程，从现金到包子的原材料到半成品，到包子的产成品，最后通过出售包子变成现金，形成一个现金流的闭环（见图 2－1）。会计眼中的资产就是未来现金流的金额及其分布，不管什么资产未来都要变现、变更多的现。资产的变现能力就是变成现金的时间，会计上把各项资产按照变现能力从高到低进行排序，变现能力在1年（含1年）以内的叫流动资产，下个会计期间的年报流动资产都已经物是人非，再也不是原来的那些资产，对于流动资产要且看且珍惜，因此流动资产列示在资产的最前面。变现能力在1年以上的资产，如使用寿命1年以上的设备、房屋、车辆等就是非流动资产。

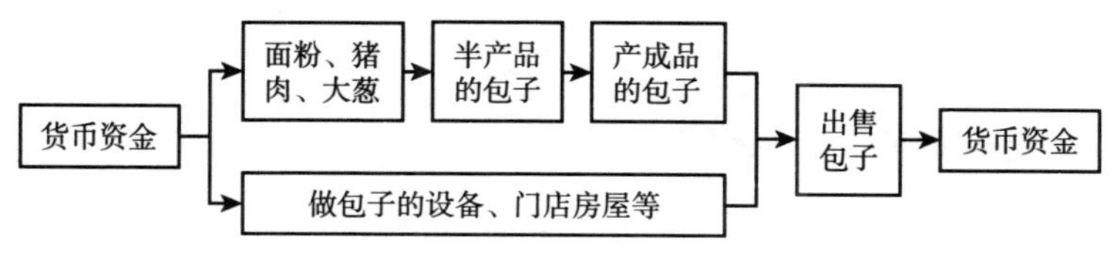

图2-1　资金流动

作为财务总监，如果明天有一笔借款到期或者马上要发工资了但账上没钱，估计寝食难安。对于负债，时间到了就要按期还钱，否则后果很严重。会计上按照负债到期时间长短排序，到期时间短的排前面，到期时间长的排后面，越是排在前面的越是着急的。

所有者权益按照稳定性排序，作为供应商或者是顾客要不要赊销或预付款，先看实收资本，这是一个企业的定海神针，如果实收资本比较雄厚，说明企业实力强，未来即使破产实收资本也跑不掉，一般情况实收资本即注册资本，股东要按照注册资本承担责任。注册资本要在工商部门登记，跟登记结婚一样严肃，股东不能随意减少注册资本，一定要依法按照程序增减注册资本，因此，实收资本的稳定性强，在所有者权益中排第一位。所有者权益中未分配利润的稳定性小，企业说分就分，未分配利润说没就没了，所以排在所有者权益的最后一位。

【会计故事会·C 位】

C 位是 2018 年度十大网络流行语，即 Carry 或 Center，核心位置的意思。早期在游戏领域一直作为 Carry 位的意思，指能够在游戏中后期担任主力带领队伍的角色。后来，C 位这个词在游戏中应用得越来越广，逐渐转到生活当中。当某一个人在团队中处于核心位置时，人们便称呼他是 Center 位，在影视剧或综艺海报中，这个位置也是咖位比较高的人。站在 C 位就能说明一切，排序很重要。

第二节　资产：外表风光

资产是一个企业的灵魂，不同的资产其实现价值的方式不同，会计上按照资产的种类和持有意图将资产进行分类，有针对性地进行会计处理。

一、存货：卖卖卖

（一）存货的概念和入账成本

1. 存货的概念

存即存放，货即货物，存货的本意就是存放在仓库准备出售的货物。企业持有存货的目的就是三个字“卖卖卖”，超市中货架上琳琅满目的商品都是存货。根据会计准则的规定，存货是指企业在日常活动中持有以备出售的产成品或商品、处在生产过程中的在产品、在生产过程或提供劳务过程中耗用的材料和物料等。包子铺的包子以及制作包子的面粉、猪肉、大葱等，持有目的都是做成包子卖出去，因而都是存货。而包子铺的笼屉、锅炉等持有目的不是出售，而是自己使用，所以不是存货。存货的确认不是看外貌而是看内涵，同样是汽车，对于生产汽车的企业来说持有汽车的目的是为了出售，这时汽车就是存货，而对于购入汽车的企业来说，持有汽车的目的是自己使用，这时汽车就不是存货而是固定资产。

【会计故事会·鸡场的存货】

鸡场养鸡下蛋，下蛋的母鸡不是为了出售，因此，母鸡不是存货。母鸡下的蛋为了出售，鸡蛋是养鸡场的存货。如果养鸡场养的是肉鸡，主要是卖鸡，那么饲养的鸡就是存货。如果是一家小鸡孵化场，目的是出售孵化的小鸡，那么用于孵化的鸡蛋、孵化过程中的鸡蛋以及孵化出的小鸡都是存货。

2. 存货的入账成本

存货入账成本就是存货实际取得成本，存货的成本要实事求是，不能弄虚作假，按照实际取得成本进行初始计量，花多少钱算多少钱。比如包子铺的面粉是国外进口，面粉成本包括支付的价款、支付给运输公司的运输费、支付给保险公司的保险费、支付给海关的关税等，这些价费税都是取得存货必不可少的必要支出，都计入存货成本。面粉漂洋过海一路走来，发生的一切合理必要支出都计入成本，从面粉采购直到进入包子铺仓库完成装卸、挑选入库后关上仓库大门的这个时点，面粉的最终成本才盖棺定论，这时存货的成本就确定了。具体如图 2－2 所示。

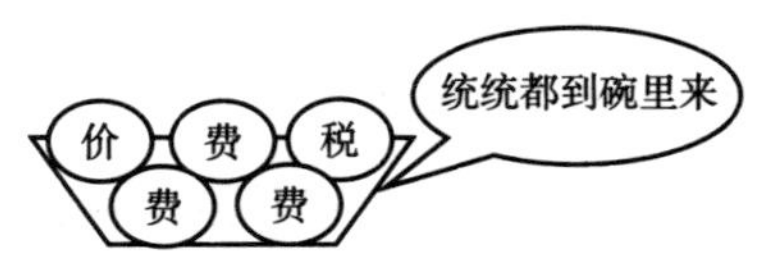

图 2－2　存货初始成本

采购同样的面粉，不同的人去采购价格是不同的，比如正常面粉的采购价格是 1 500 元/吨，如果面粉厂老板是你同学，给你优惠价 1 200 元/吨，这时面粉的成本按照 1 200 元/吨作为入账成本，这就是所谓的实际取得成本，不一定是公允价值。因此，即使同样的存货，购买方的取得的成本可能也是不一样的。

【会计故事会·采购鸡蛋】

副食品商店采购 100 个鸡蛋，花了 50 元。采购的鸡蛋请一辆三轮车负责运送发生运输费 10 元。鸡蛋在运输途中碎了 1 个，如果假设正常情况下碎一个鸡蛋很正常，再怎么小心也很难避免，那么这个鸡蛋就是合理损耗。合理损耗的成本不用转出，99 个鸡蛋的总成本为 60 元（50 + 10），单位鸡蛋的成本为 0. 61 元/个（60/99），相当于把损耗掉的这个鸡蛋成本分摊到其他鸡蛋上去了，增加了鸡蛋的单位成本，鸡蛋的总成本不变。如果碎的这个鸡蛋是人为疏忽摔坏的，这个损耗就不是合理损耗，需要把这个鸡蛋对应的成本转出，这个鸡蛋的成本为 0. 6 元（60/100），把这 0. 6 元的成本转入当期损益，剩余鸡蛋的总成本为 59. 4 元（0. 6 × 99），入库鸡蛋的单位成本仍然是 0. 6 元/个。

（二）存货的期末计量

1. 可变现净值

存货就是“卖卖卖”，随时想着变现，最关心的自然是存货的市场价格变化，如果价格跌了就亏了。存货要及时关注可变现净值，看看自己到底值多少钱。如果是产成品，其可变现净值直接用产品的售价减去销售费用以及相关税费。如果是原材料，需要通过产成品的售价倒挤可变现净值。比如包子铺出售的是包子不是面粉，如果出售面粉就叫面粉店了。在计算面粉的可变现净值时，用包子的市场价格来倒推面粉的可变现净值。面粉的可变现净值 = 估计包子的市场价格 - 估计包子销售费用或相关税费 - 面粉加工成包子进一步加工的成本，即原材料的可变现净值是以预计产成品的市场价格减去进一步加工成本和预计销售费用以及相关税费后的净值。假设包子铺采购了一批成本为 100 万元面粉准备做包子用，资产负债表日面粉市场价格涨到 120 万元，但由于疫情影响包子价格下降，存在减值迹象。假设将这批面粉加工成包子的总成本 200 万元（除了面粉成本 100 万元，其他人工、租金等固定成本 100 万元），估计包子的总售价为 180 万元。表面上看卖面粉可以赚 20 万元，但如果把面粉卖了，包子做不成了，固定成本 100 万元不管做不做包子都要发生，这样实际亏 80 万元（100 - 20）。如果加工成包子再卖呢？实际亏 20 万元（包子售价 180 - 面粉进一步加工成包子的成本 100 - 面粉的成本 100）。所以，会计上对于原材料一般要用产成品估计售价减去至完工时估计将要发生的成本，再减去估计的销售费用和相关税费后的金额确定其可变现净值，即倒挤法。计算原材料的可变现净值不能捡了芝麻丢了西瓜，得不偿失，会计要算大账。另外，需注意一点，由于产成品的市场价格随时变动，因此，可变现净值也是随时波动。

【会计故事会·餐厅的鸡蛋】

餐厅采购的鸡蛋，每个成本为 1 元，用于制作“西红柿炒鸡蛋”。由于餐厅现在顾客少，菜品降价处理，西红柿炒鸡蛋的价格由 20 元/份降到 15 元/份。鸡蛋存在减值迹象，需要进行减值测试。鸡蛋的可变现净值要假设把鸡蛋炒成西红柿炒鸡蛋再出售，一份西红柿炒鸡蛋要用 2 个鸡蛋，鸡蛋进一步加工成西红柿炒鸡蛋的成本为 14 元。单个鸡蛋的可变现净值 = （15 - 14）/2 = 0.5 （元），单个鸡蛋的成本是 1 元，说明鸡蛋减值了，需要计提存货跌价准备。

2. 存货跌价准备的计提与转回

资产负债表日，存货按照成本与可变现净值孰低计量（见图 2 - 3）。成本就是入账成本，一旦确认后成本就变成历史成本，一动不动。可变现净值每个资产负债表日都不同，如果成本大于可变现净值需要计提存货跌价准备，说明亏了，存货价值下降了，因此，要相应减少存货的价值，计提存货跌价准备。“存货跌价准备”科目丁字型账户如图 2 –4 所示。

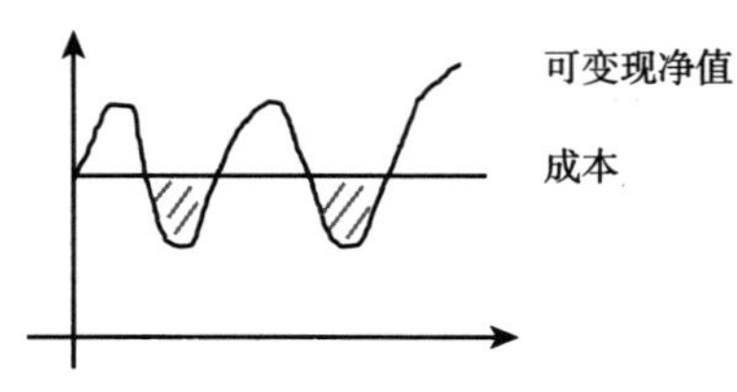

图 2 –3　存货期末计量

存货跌价准备

借方	贷方
	期初余额
倒挤在借方：转回 借：存货跌价准备 　　贷：资产减值损失	倒挤在贷方：计提 借：资产减值损失 　　贷：存货跌价准备
	期末余额：成本与可变现净值的差额

图 2 –4　存货跌价准备 T 字型账户

存货计提跌价准备先锁定“存货跌价准备”账户的期末余额，只有成本大于可变现净值时才有期末余额，“存货跌价准备”期末余额 = 期末成本 – 期末可变现净值，这就是资产负债表日减值的金额。锁定“存货跌价准备”账户期末余额后，当期计提或转回的金额 = 期末余额 – 期初余额，如果期末大于期初则本期还要计提跌价准备，说明减值金额更多了；

如果期末小于期初则属于存货跌价准备的转回，说明减值金额小了，冲减一部分上期多计提的减值金额。我们把这种倒挤存货跌价准备的方法叫打狗棒法，锁定期末余额，关门打狗，倒挤存货跌价准备的当期发生额。

【会计故事会·待售母鸡】

成年母鸡待售窝中，每个月末主人给母鸡称重，如果母鸡月末的重量小于月初的重量，说明这个月母鸡为伊消得人憔悴，要计提母鸡的减值准备。如果下个月母鸡心情好，体重又上升了，而且还超过了消瘦前的体重，这时把母鸡之前计提的减值准备冲回，母鸡没有减值。

（三）存货的发出计价方法

存货的计价是指存货购入后在存货发出（各生产车间、各部门领用）时，如何确定发出存货的实际成本金额。由于同一类存货可能来自不同的厂家，甚至来自同一厂家的不同批号，入库时间不同，各批存货的采购价格也并非完全一致，那么发给各领用部门时，如何确定发出存货单价，也就是发出成本。企业存货的发出计价方法包括先进先出法、加权平均法或者个别计价法确定发出存货的实际成本，企业根据本企业的实际情况，选择上述其中方法之一即可。发出存货计价方法如表2-2所示。

表 2－2　　存货发出计价方法

发出存货计价方法	基本原理
个别计价法	个别认定法，实物流转与成本流转一一对应。比如航母造船厂，航母的结转成本肯定是一一对应的
先进先出法	假定“先入库的存货先发出”，并根据这种假定的成本流转次序确定发出存货成本的一种方法。比如水果店的水果，先采购的水果先卖出去，要不然水果容易坏掉
移动加权平均法	在每次收货以后，立即根据库存存货数量和总成本，计算出新的平均单位成本的一种计算方法。比如加油站油库中的汽油，每次采购的汽油都混合到一起了，物理上分不清楚，采用加权平均法来计算混合汽油的成本
月末一次加权平均法	存货的加权平均单位成本＝［本月月初库存存货的实际成本＋$\sum$（本月各批进货的实际单位成本×本月各批进货的数量）］/（月初库存存货数量＋$\sum$本月各批进货数量）

假设先后购入两个苹果，第一个苹果 A 的成本是 1 元，第二个苹果 B 的成本是 2 元，现在吃掉一个苹果，这个苹果的成本是多少呢？如果吃的是苹果 A，那么结转成本 1 元，如果吃的苹果 B，结转 2 元成本，吃的那个苹果就直接结转其对应的成本，这叫个别计价法；如果不管吃的是哪个苹果，成本都结转第一个苹果的成本 1 元，也就是先进先出法。如果先计算两个苹果的平均价格 1.5 元［(1＋2)/2］，按照 1.5 元结转成本，这就是加权平均法。加权平均法还有月末一次加权平均法，假设吃掉一个苹果后又采购了一个 3.3 元的苹果 C，月末计算三个苹果的平均价格 2.1 元［(1＋2＋3.3)/3］，

按照 2.1 元结转前面吃掉的这个苹果的成本，这就是月末一次加权平均法。不同的存货发出计价方法其成本结转的金额不同，对利润表营业成本和资产负债表存货的金额都有影响。

二、固定资产：肌肉男

固定资产有的是生产经营类的，比如厂房、机器设备，有的是管理部门使用的，比如电脑、商务车等。固定资产是一个企业的肌肉，工业社会阶段企业的发展主要依靠肌肉的力量，崇拜大块头，以固定资产多为强。

（一）固定资产的确认和初始计量

1. 固定资产的概念

企业生产经营要购置厂房、生产设备等生产设施，这些生产设施的目的不是直接出售，而是用来生产产品，会计上把企业自己使用的有形资产叫固定资产。固定资产指的是企业为生产商品、提供劳务、出租或经营管理而持有的、使用寿命超过一个会计年度的有形资产，它能够为企业长期提供服务、长期创造收益。固定资产的价值一般相对较大，使用时间相对较长，能长期地、重复地参加生产过程，而且其在生产过程中虽然会发生磨损，但是并不改变它本身的实物形态。存货就不同，面粉是存货、蒸包子的锅炉是固定资产，面粉转变成包子，面粉的物理形态完全转移进入包子里了，如果包子中夹杂了蒸包子的锅炉碎片那就麻烦了，固定资产物理形态是不能转移的。另外，固定资产根据其磨损程度，逐步地将其价值转移到所生产出的产品中。

固定资产具体包括房屋、建筑物、机器、机械、运输工具以及其他与生产经营活动有关的设备、器具、工具等。比如包子铺的和面机、冰柜、蒸包子的锅炉等以及拉货的小货车等都是固定资产，固定资产不是固定不动的资产，固定不动的叫不动产。固定资产属于非流动资产，与存货等流动资产不同，流动资产下一年度内就流出去了，下一年度报表上的流动资产物是人非，不是上一年度原来的流动资产了，东西全变了。而固定资产不同，比如房屋建筑物，在资产负债表中一待就是几十年，属于资产负债表中典型的钉子户。因此，固定资产中的“固定”不是资产本身不能挪动，而是在资产负债中固定不走的钉子户。

【会计故事会·孙悟空能动不能动】

孙悟空是过去的交易或事项产生的、能够由唐僧控制的、预期会给唐僧带来经济利益的资源，因此，孙悟空属于资产。唐僧持有孙悟空的目的不是出售，而是自己使用，且使用寿命超过一个会计年度，所以不管孙悟空千变万化、腾云驾雾、一个筋斗十万八千里，它还是属于固定资产。

固定资产的一生是波澜壮阔的一生。比如准备建房子采购的钢筋、水泥，这叫工程物资，将钢筋、水泥用在建房子上去，变成在建工程；房子完工从在建工程转入固定资产（俗称转固），房子在使用过程中逐渐磨损消耗，这叫累计折旧。最后房子变成危房，需要拆除，将房子拆成一堆砖块，这堆砖不能再叫固定资产了，叫固定资产清理。把这堆砖出售，固定资产就化作一缕青烟，消失冒烟了，计入营业外支出。具体如图 2－5 所示。

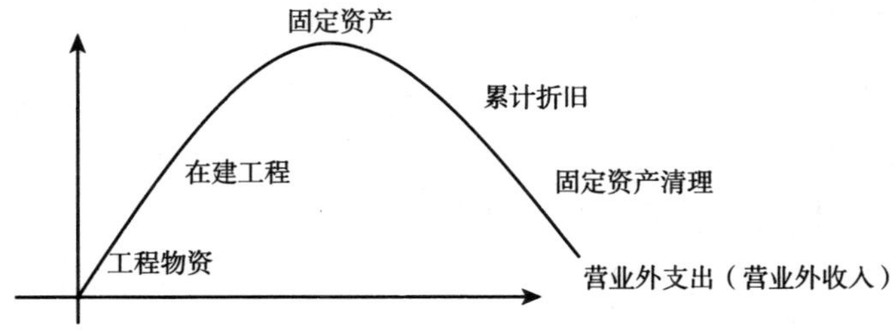

图 2－5　固定资产生命周期

2. 固定资产的成本

固定资产应按取得成本进行初始计量。固定资产取得成本是指企业购建某项固定资产达到预定可使用状态前所发生的一切合理、必要的支出。包子铺购置一辆小轿车供自己经营使用，这辆小桥车对包子铺来说作为固定资产核算。小汽车的车款、购置税、申领牌照所涉费用等支出是购入过程中必不可少的，计入固定资产成本。但小汽车的保险费、燃油费、停车费等这些是购入后使用过程中发生的费用，不能计入固定资产成本。

【会计故事会·豪华鸡舍】

鸡主人给英雄母鸡搭建一套独栋豪华别墅，使用高价木材或红杉，鸡舍里安装太阳能板、自动门、抽水马桶，以及可供饲主可远端监看的摄像头，主人通过智能手机，控制鸡舍的温度、通风和灯光。鸡舍外面还有一个小院子，方便母鸡们散步和运动。豪华鸡舍从设计、建造到达到可使用状态整个过程中的合理必要支出就构成了固定资产成本。

（二）固定资产的后续计量

1. 固定资产折旧

（1）固定资产折旧的概念。固定资产在使用过程中会发生磨损，将其价值逐步转移到生产的产品中，而这个价值转移的过程可以看作是固定资产向产品等存货资产转化的过程，一方面固定资产通过折旧的形式自身价值减少了，另一方面生产出产品等存货资产价值增加了。企业通过销售生产的产品实现收入，而折旧则是实现收入过程中必不可少的一项成本支出，两者的差额一定程度上体现为企业创造出的新价值。固定资产折旧是指在固定资产使用寿命内，按照确定的方法逐期分摊固定资产的成本。

【会计故事会·时间都去哪儿了】

2014 年春晚王铮亮一首《时间都去哪儿了》感动无数观众。“时间都去哪儿了，还没好好感受年轻就老了”。人生老病死，自然规律，亘古不变。时间在慢慢地流淌，我们也将慢慢地老去。会计上，资产正常衰老，价值越来越小，需要计提折旧，即在资产使用寿命内逐年分摊成本。如果不小心发生意外或生一场大病导致身体残疾，这就不是折旧了，而是资产减值。

（2）固定资产折旧方法。企业应当根据与固定资产有关的经济利益的预期消耗方式，合理选择折旧方法。理论上固定资产折旧方法有很多种，不管怎么摊销，只要能把费用在固定资产使用寿命内分摊完就行。具体如图 2－6 所示。

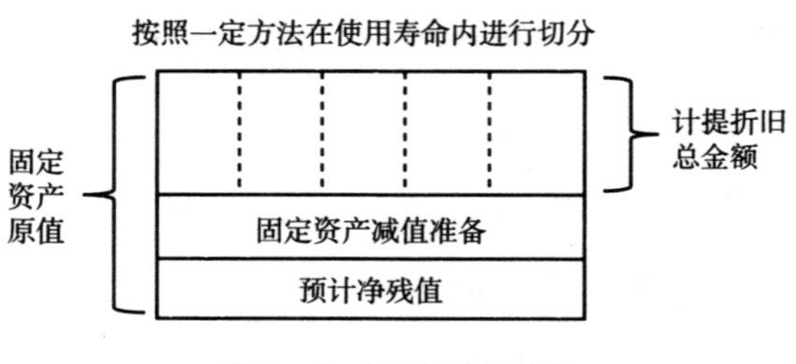

图 2-6 固定资产折旧

【会计故事会·切蛋糕】

固定资产折旧就是将其金额分期摊销计入成本和费用。固定资产折旧就像切蛋糕，准备将蛋糕切成 10 块，这就是固定资产折旧年限。这 10 块蛋糕怎么切？可以前面多切一点后面少切一点，或者每次切得一样多，或者随心所欲想怎么切就怎么切，反正最后切成 10 块就可以，这就是折旧方法，会计上固定资产的折旧方法有年限平均法、工作量法、双倍余额递减法和年数总和法。年限平均法就是 10 份蛋糕切的一样大，工作量法就是谁吃的多就给谁的切的大一些，双倍余额递减法和年数总和法都是前面切的大一些，后面切得小一些，先大后小。

2. 固定资产的后续支出

固定资产的后续支出是指固定资产使用过程中发生的更新改造支出、修理费用等。比如包子铺的房子，原来是 1 层小楼现在加盖 1 层变成 2 层小楼，需要把房子施工围起来，将固定资产转入在建工程，重新建造，等揭开施工围挡的时候，房子焕然一新，这就是固定资产改造，改造后变成了一个新的固定资产。如果只是对包子铺简单刷个油漆，不影响固定资产正常使用，房子并没有伤筋动骨，这种后续支出属于费用化的后续支出，相关支出直接计入费用，房子还是原来的那个固定资产。

【会计故事会·整容】

小娟对自己的五官不满意，去韩国隆个鼻、割个双眼皮啥的，会计上叫资产改良，属于资产的后续支出，而且是资本化的后续支出，相关支出在资产使用寿命内分摊。如果平时只是化个妆，会计上这叫资产维护，也属于资产的后续支出，但属于费用化的后续支出，直接计入当期损益。会计上，对资产的后续支出分为资本化后续支出和费用化后续支出。

（三）固定资产的处置

固定资产处于处置状态或者预期通过使用或处置不能产生经济利益的，应予终止确认。包括出售、转让、报废或毁损。比如包子铺小汽车的处置，如果小汽车是报废掉了，相关账面价值转入营业外支出，如果小汽车当二手车卖了，处置的收益计入资产处置损益，属于营业利润。

【会计故事会·母鸡报废】

邻居看上了鸡主人家这只下蛋的英雄母鸡，出高价购买。假设母鸡的账面价值是20元，邻居愿意出100元购买，鸡主人赚了80元作为资产处置损益，这是营业利润。如果假设有一天英雄母鸡不幸去世了，鸡主人损失20元（账面价值20元），损失金额计入营业外支出，属于非日常事故。

三、无形资产：白富美

无形资产是企业的颜值担当，大多以专利、非专利技术等知识产权为主，现在企业发展方式由资本密集型向知识密集型转变，无形资产在总资产中的比例代表了企业科技化、现代化的程度。工业社会阶段企业以固定资产多为强，数智化时代更多的是依靠智慧，依靠自身的品牌、技术等优势，更多地是以无形资产多为强。

（一）无形资产的概念和初始计量

1. 无形资产的概念

高老板家的包子有祖传秘方，味道一绝，名扬乡里，这个祖传秘方就是包子铺的无形资产，虽然没有实物形态，但能为企业带来经济利益。无形资产是企业拥有或者控制的没有实物形态的可辨认非货币性资产，包括专利权、非专利技术、商标权、著作权、特许权、土地使用权等。祖传秘方就属于非专利技术，有的祖传秘方是无价之宝，比如医药世家神药的秘方等。高科技企业就是无形资产比较多，无形资产多的企业才是传说中的白富美。

【会计故事会·嫦娥的美丽】

天宫第一美女嫦娥，不但光彩照人，而且温柔善良。嫦娥的美丽善良有内涵，这些都是无形资产，虽然没有实物形态，但是能够产生实实在在的价值。

2. 无形资产的初始计量

无形资产应当按照实际成本进行初始计量，以取得无形资产并使之达到预定用途而发生的全部支出作为无形资产的成本。

【会计故事会·妻子的化妆品】

某日妻子大包小包购买了许多化妆品，回家心情大好。丈夫说购买化妆品的支出属于日常维修费用，应该计入管理费用。妻子大怒“这怎么能算维修费用呢？应该资本化计入无形资产”。丈夫说“如果你还没有结婚，说明未达到预定用途，化妆品支出应当资本化计入无形资产，现在你都结婚了，应当计入管理费用”。

（二）内部开发支出的会计处理

新冠肺炎疫苗的专利技术就属于无形资产，研发 1 000 支新冠疫苗能成功一支就很不错了，内部研发无形资产风险很大，存在很大的不确定，属于九死一生。内部研发无形资产根据成功与否的不确定性程度，将研发过程分为研究阶段与开发阶段。疫苗从实验室开发到申报临床，从临床试验 1 期到临床 2 期，这些都存在较大的不确定性，我们把它称之为研究阶段。从临床 3 期开始疫苗的成功可能性就很大了，到批号申请下来，这个阶段就是开发阶段。研究阶段成功与否的不确定很大，根据会计谨慎性原则，研究阶段的研发支出全部作为费用。开发阶段成功的可能性很大，符合资本化条件可以将开发阶段的研发支出作为一项资产。具体如图 2 – 7 所示。

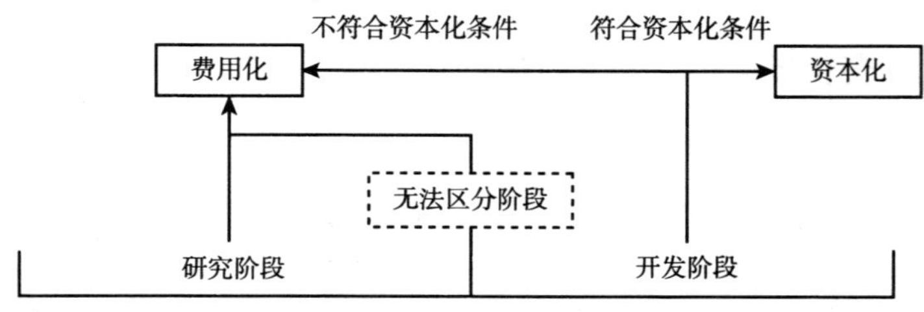

图 2 – 7　内部研发无形资产

【会计故事会·谈恋爱】

谈恋爱有一定的风险，在关系没确定之前逛街、看电影、吃饭、送礼物相关的支出全部要费用化，这就是所谓的研究阶段，不确定性比较大。如果一切顺利双方都见家长订婚了，这就进入开发阶段了，不确定性较小，开发阶段相关的支出符合条件可以资本化，直到领证爱情长跑才算结束，内部研发资本化的金额转入无形资产。

（三）无形资产的后续计量

1. 使用寿命有限的无形资产摊销

固定资产有新旧之分，所以成本分摊叫折旧；无形资产看不见摸不着，没有新旧之分，所以成本分摊叫摊销。“销”有开支、花费的含义，如开销。摊销即分摊开销。有些无形资产有明确的寿命，比如土地使用权。有些无形资产可以无限使用下去，比如包子铺祖传秘方（非专利技术），只要有价值可以作为传家宝，一代一代传下去。

无形资产摊销一般采用直线法摊销，一般残值为0。计提的摊销根据受益对象分别计入相关成本费用，比如生产产品相关的无形资产摊销计入制造费用，管理用无形资产摊销计入管理费用。

【会计故事会·红颜易老】

“弹指红颜老，芳华刹那间”。在众人认知里，女人二十出头是最美，最有魅力的年龄。容颜达到人生巅峰后便开始被岁月无情地摊销，女孩的容颜不是按照直线法来摊销的，一旦过了三十，风华不再，容颜减退，呈断崖式下跌，这就是加速摊销了。

2. 使用寿命不确定的无形资产减值测试

对于使用寿命不确定的无形资产，摊销年限不确定，可能没有期限，永远使用下去，比如包子铺的秘方，可以子子孙孙一代一代传下去，因此，不需要进行摊销成本，或无法计算摊销成本。会计上规定，使用寿命不确定的无形资产在持有期间内不需要摊销，但应当在每一会计期末进行减值测试，虽然包子铺的秘方可以永远传下去，但如果现在的年轻人不喜欢祖传秘方的这个口味的包子，说明祖传秘方也就没啥价值，只能留做纪念了，需要计提减值准备，要不然资产就有水分了。

【会计故事会·天山童姥】

金庸先生的《天龙八部》中逍遥派掌门，因居住于天山，且身材永如女童因此自号“天山童姥”。童姥六岁时开始练天长地久不老长春功，永远都是六岁女童的模样，童姥的容颜就是使用寿命不确定的无形资产，不需要摊销，永远萌萌哒。

（四）无形资产的处置

无形资产的处置主要是指无形资产出售、对外出租、对外捐赠。无形资产无法为企业带来经济利益时，按照账面价值转入营业外支出。

【会计故事会·恋爱的一生】

夫妻之间犹如无形资产。从恋爱到结婚存在较大的不确定性，如果将甜蜜的爱情看成是无形资产，会计上需要将内部研发的无形资产初始计量分成两个阶段：第一个阶段从相识到求婚这段时间叫研究阶段，两人关系不确定性较大，搞得不好前功尽弃一拍两散，所以这个阶段的恋爱支出全部作为费用化处理，计入管理费用；第二个阶段从求婚到领证这段时间叫开发阶段，两人的关系比较稳定了，相关恋爱支出可以资本化，领取结婚证意味着无形资产正式形成。结婚后无形资产开始进入后续计量。后续计量有两种模式：一种是一辈子恩恩爱爱，爱情如初，一生一世，甚至三生三世，这叫使用寿命不确定的无形资产，后续不需要摊销；另一种是结婚后天天柴米油盐，少了一些浪漫，爱情麻木变亲情，这个需要对无形资产进行摊销，即使用寿命有限的无形资产。此外，如果每天磕磕碰碰，五天一大吵三天一小吵，随时可能分道扬镳，这时就要计提无形资产减值准备了。如果两个人的婚姻走到尽头，这就要进行无形资产处置了，恍如昨夜一场梦，随风飘逝。

四、金融资产：炒股

包子铺经营几年生意不错赚了不少钱，这些钱可以用于给股东分配，也可以用于扩大生产购置更多的设备生产更多的包子，还可以进行金融资产投资，投资股票、债券、基金等。金融资产投资是脚踩两只船，一头是投资方的金融资产；另一头是被投资方的金融负债或所有者权益。比如购入被投资方发行的股票，股票作为投资方的金融资产，同时形成被投资方的所有者权益。同样，购入被投资方发行的债券，债券对被投资方来说是金融负债，对投资方来说是金融资产。

【会计故事会·八戒的赌注】

八戒和沙僧坐在一旁看猴哥大战白骨精，八戒说“沙师弟，咱俩打个赌如何，如果猴哥赢了我给你一两银子，如果猴哥输了你给我一两银子”，沙僧说赌就赌谁怕谁，八戒和沙僧之间的合同就横空出世了。这个合同形成一方的金融资产，同时形成另一方的金融负债，结果不是沙僧给八戒一两银子，就是八戒给沙僧一两银子，这样的合同就是金融工具，脚踩两只船。

（一）股票投资

购买股票会计上按照影响程度进行分类核算，如果股权占比高，对被投资企业达到重大影响、共同控制或控制就是长期股权投资，否则默认为交易性金融资产，即所谓的无控制、无共同控制、无重大影响的三无股票投资一般都应当划分为“交易性金融资产”核算。交易性金融资产以公允价值计量且其变动计入当期损益，其典型的特点是出售目的，即交易性，一般来说属于短线操作，见好就收获利了就出售赚取股价的差价。股票的公允价值随时变动，持有期间股票公允价值变动记入“公允价值变动损益”科目。公允价值变动损益属于当期损益，也就是说交易性金融资产的公允价值变动直接影响企业利润，企业利润也随着股票价格的波动而波动。作为公司的高管，最不喜欢利润的大幅波动，如果看见企业利润不受控制地波动，像过山车一样上下翻滚，高血压立马飙升，要命。

会计准则允许购入股票如果不是以交易性为目的，可以指定作为其他权益工具投资进行核算。其他权益工具投资也是以公允价值计量，但公允价值的变动计入其他综合收益，不影响当期利润，这样利润就不会随着股票价格的波动而波动了。而且其他权益工具投资处置时，其他综合收益也不能转入当期损益，直接转留存收益。这种操作的目的在于股票公允价值变动本身就比较大，一旦允许其他综合收益转入当期损益，会有利润操纵的空间。

【会计故事会·嫦娥的美容店】

嫦娥开了一家美容店，八戒捧场持股5%，属于无控制、无共同控制、无重大影响的三无股票投资，目的是跟嫦娥保持联系拟长期持有，不以交易为目的。这类股权投资不能作为长期股权投资核算，美容店的大股东才能作为长期股权投资核算。八戒可以把美容店的股权指定为其他权益工具投资核算，虽然持有期间以公允价值计量但公允价值变动计入其他综合收益，不影响利润，不用担心利润表受股价的波动而波动。

（二）债券投资

债券是政府、企业、银行等债务人为筹集资金，按照法定程序发行并向债权人承诺于指定日期还本付息的有价证券。发行债券方是为了融资，是债务人。购买债券方是投资，是债权人。购买债券有三种持有意图：一是天长地久，投资的目的是获取债券的利息以及到期收回本金，这叫收取合同现金流为目标的业务管理模式，这种业务模式投资的债券作为债权投资核算，采用摊余成本计量；二是吃着碗里的看着锅里的，三心二意型，既以收取债券的利息和本金为目标，同时也以出售债券为目标，这种业务模式投资的债券作为其他债权投资核算，以公允价值计量且其变动计入其他综合收益；三是以出售为目的持有的债券，属于兜底模式。这种模式投资的债券作为交易性金融资产核算，采用公允价值计量且其变动计入当期损益。

【会计故事会·八戒的养老金】

八戒退休时有100万元现金，如果把这100万元购买玉帝发行的国债，每月拿100万元国债的利息养老，这种管理模式叫以收取合同现金流量为目标的业务模式，投资的国债作为债权投资核算，采用摊余成本计量。如果八戒不想眼睛一闭钱没花完怎么办？八戒除了每月收取利息外每月再出售5 000元国债用于丰富退休生活，正好眼睛一闭钱也花完了，这种管理模式收取合同现金流量和出售金融资产为目标，投资的国债作为其他债权投资核算，采用公允价值计量且其变动计入其他综合收益。如果100万元国债随时准备支持儿子猪小戒娶媳妇买房子用，这就是其他业务模式了，投资的国债作为交易性金融资产核算，采用公允价值计量且其变动计入当期损益。

五、长期股权投资：VIP

（一）长期股权投资的概念

小张买了100股世界500强公司的股票，“我是股东我骄傲”。激动的心，豪迈的脚，小张想到公司去参观，结果走到门口被保安拦下来了。小张掏出股票给保安大叔解释，保安大叔让小张哪凉快哪待着去。虽然小张是公司的股东，但对公司没有重大影响，如果是大股东来了公司肯定要搞一个隆重的欢迎仪式，公司领导都要到门口来迎接。会计上对于股权投资如果具有重大影响、共同控制或控制，简单地说就是可以用手投票，说话管用，才能叫长期股权投资。如果说话不管用，心里憋屈只能出售股票跑路，这叫用脚投票，这叫交易性金融资产（或其他权益工具投资），不能叫长期股权投资。会计上的长期股权投资是指投资方对被投资单位实施控制、共同控制以及重大影响的权益性投资，包括对子公司（控制）、合营企业（共同控制）、联营企业（重大影响）的权益投资。长期股权投资并不是准备长期持有的股权投资，而是能够对被投资单位具有重大影响、共同控制或控制的股权投资，是被投资单位股东中的 VIP、大客户，跟时间的长短没有什么关系，这个“长期”具有很强的欺骗性。具体如图 2－8 所示。

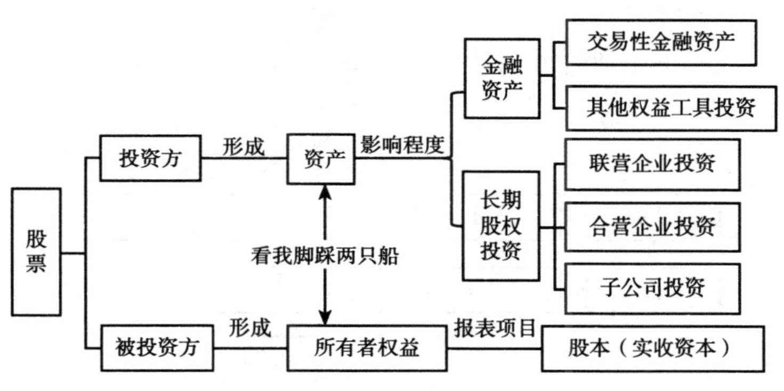

图 2－8 股权投资关系

【会计故事会·海参炒面】

宋小宝演的小品《海参炒面》中，点了一碗海参炒面，结果端上来的面只有面没有海参。问其原因，海参炒面是厨师的名字叫海参，海参炒面是厨师海参炒的面。这个名字就是典型的具有迷惑性，比长投还长投。

（二）长期股权投资的初始计量

1. 对子公司的长期股权投资

（1）非同一控制下企业合并。非同一控制下企业合并是合并双方之前不存在任何关联，实质上就是股权上没有任何瓜葛，属于自由恋爱，合并符合双方利益，具有商业实质，长期股权投资的成本花多少钱都是你情我愿心甘情愿的，因此，长期股权投资的成本就是实际支付对价的公允价值。非同一控制下企业合并前后结构如图 2-9 所示。

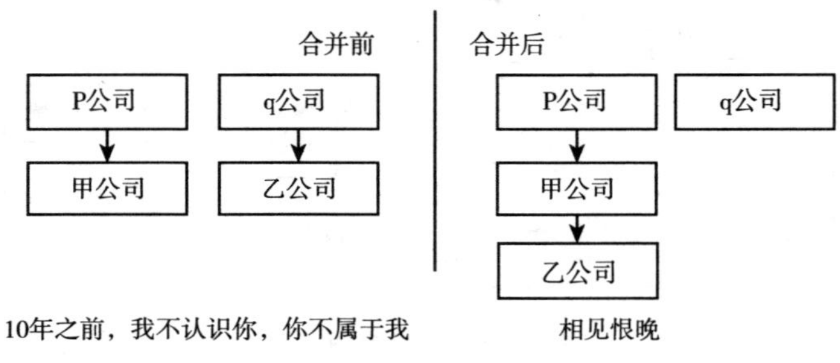

图 2-9　非同一控制示意

【会计故事会·彩礼】

农村相亲，首先去女方家里见面要拿八大箱东西，不管什么，拿够八箱就可以了，正所谓八八大发；其次见面礼，见面六千六或八千八，另外，还包括给女方购买手机、衣服、金银首饰等；最后是彩礼，这是大头，动辄几十万元。这些直接支付给女方的钱和物就是长期股权投资的成本。支付给媒婆的介绍费以及自己尽调的费用、办酒席的费用等属于合并费用，计入管理费用，不计入长期股权投资成本。

（2）同一控制下的企业合并。同一控制下的企业合并就是集团内部的企业整合，从最终控制人角度看合并前后都是一家人。从最终控制方的角度，这类股权交易是资产内部转移，不管怎么倒腾，被合并方仍然在集团内，并未发生任何与外界的交易，支配和运用的经济资源不变，不会产生损益、增值等问题，在经济实质上就不是真正的交易，被合并方资产负债的账面价值多少，转移后还是多少，不能因为换了个位置，账面价值就发生了改变。因此，同一控制企业合并长期股权投资的入账价值就是被合并方净资产账面价值份额，支付对价高于账面价值的部分，冲减资本公积。同一控制下企业合并前后结构如图 2－10 所示。

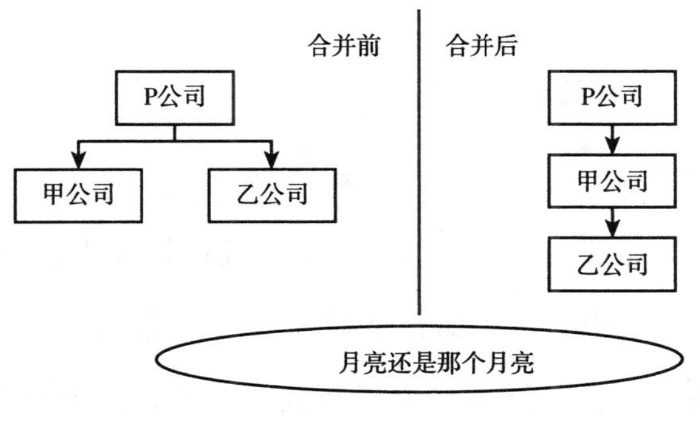

图 2－10　同一控制示意

【会计故事会·亲上加亲】

古代社会有句话叫“姑作婆，最贴心。姨作婆，亲上亲”，说的是近亲结婚，表哥表妹从小青梅竹马，大家都比较了解，也不用尽职调查，亲连亲，彩礼钱都可能省去，这就是所谓的同一控制下企业合并形成长期股权投资。这个时候长期股权投资的成本就不能看支付对价了，沾亲带故，支付的对价很难公允，所以长期股权投资的成本按照新娘出嫁前在娘家时的账面价值来计量就可以。

2. 对联营企业、合营企业的长期股权投资

对联营企业、合营企业投资长期股权投资按照实际支付的购买价款作为长期股权投资的初始投资成本，眉毛胡子一把抓，包括与取得长期股权投资直接相关的费用、税金及其他必要支出。

（三）长期股权投资的后续计量

1. 成本法

企业对子公司的长期股权投资后续计量采用成本法核算。成本法就是历史成本，即长期股权投资的账面价值在投资后一动不动，不管子公司实现利润也好、股票的公允价值变化也好，都不管不问。

母公司个别财务报表上长期股权投资的账面价值一动不动，看似对子公司的一举一动漠不关心，如果子公司以为天高皇帝远，可以自由放飞自我，那你就错了。母公司能够控

制子公司，需要将子公司纳入合并报表范围，在编制合并报表的时候，将子公司所有资产、所有负债、所有收入和费用都要一笔一笔详详细细地合并到合并报表上来，一个都不能少。母公司个别报表上对长期股权投资先省点力气，等着合并报表上出大招。具体如图2－11所示。

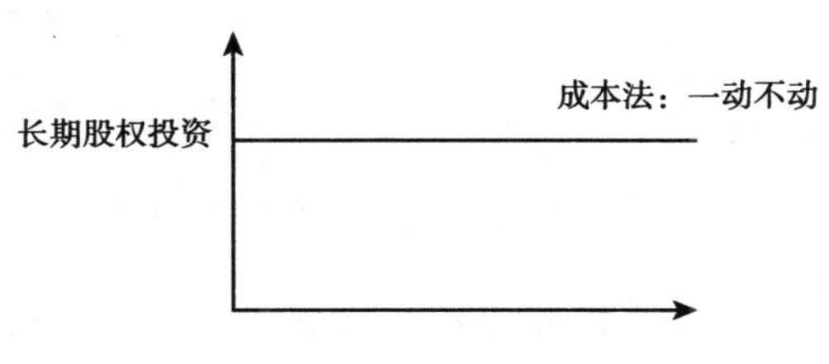

图2－11　成本法原理

【会计故事会·妻子的变化】

妻子经常抱怨自己的丈夫，结婚前天天缠着，每天穿什么衣服、吃的什么饭、精确到秒级的活动轨迹、甚至脸上有没有长新痘痘都了如指掌。结婚后则完全不同了，跟长期股权投资的成本法一样，你即使换了发型不提醒他一下，他都不一定能发现，反正生米煮成了熟饭，对子公司所有者权益漠不关心。

2. 权益法

对联营企业长期股权投资后续计量采用权益法核算，联营企业的控制权不在投资方手上，不属于合并报表编制范围，投资方对联营企业的一举一动都非常关注。权益法是指投资以初始投资成本计量后，在持有期间内，按照权责发生制的原则根据被投资企业所有者权益的变动，只要被投资企业年终有了利润，不管其分不分，都按照其享有的份额按比例确认投资收益，调整长期股权投资的账面价值。投资方作为被投资企业的股东，但不是控股股东，作为二股东或重大影响的股东，眼睛就要睁大一点，把属于自己的权益好好看好了，一点都不能少。权益法下长期股权投资就像葫芦娃中的二娃千里眼，眼睛时刻盯着被投资企业的所有者权益，被投资企业所有者权益增加了长期股权投资也相应地按照持股比率增加账面价值，保持与被投资企业所有者权益的同步变化，你动我也动，与被投资企业所有者权益高度一致。权益法的实质是投资企业要按照其在被投资企业拥有的权益比例和被投资企业净资产的变化来调整“长期股权投资”账户的账面价值。具体如图 2 – 12 所示。

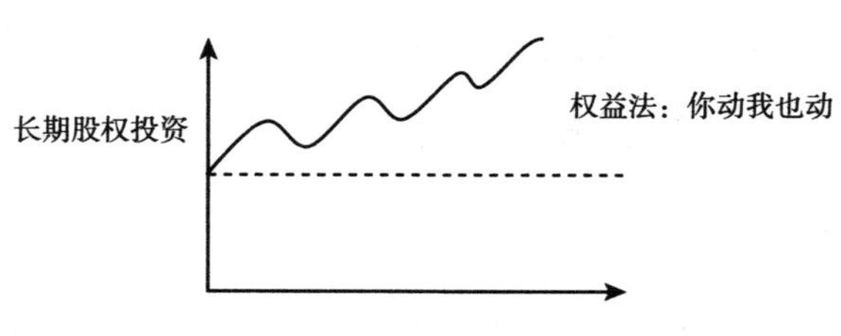

图 2 – 12　权益法原理

权益法下长期股权投资在确认初始成本时只看自己支付对价的成本，包括支付对价的公允价值和相关税费，不看被投资企业净资产公允价值，也就是买的这个东西值多少钱。好比古代男女结婚都是听从父母之命、媒妁之言，结婚之前谁也不认识谁，长投的初始成本就是自己支付的彩礼钱以及婚宴的相关支出。洞房花烛夜新郎掀开新娘红盖头时有两种结果：一是惊艳，美得倾国倾城，大大超过预期；二是惊吓。如果惊艳说明物超所值赚了，需要调整长投的初始成本，长投调整后的成本与被投资单位净资产公允价值的份额相同，调整长投成本的同时，确认营业外收入，这是上天给予的恩赐，天上掉的馅饼计入营业外收入。调整分录借记“长期股权投资——投资成本”科目，贷记“营业外收入”科目。如果是惊吓说明亏了，亏了不要声张，不要告诉别人，不调减长期股权投资成本。

调整完长期股权投资成本后，眼睛要紧盯被投资企业所有者权益的一举一动，你动我也动。引起被投资企业所有者权益变动的事项包括：一是被投资企业实现净利润，被投资单位所有者权益中留存收益发生变动，需要调整长投的账面价值，同时确认投资收益，借记“长期股权投资——损益调整”科目，贷记“投资收益”科目。当然如果被投资企业发生亏损，会计分录就反过来。被投资企业实现利润是引起所有者权益变化的最主要事项。二是被投资企业所有者权益中其他综合收益的增减变化，同样调整长投的账面价值，如果被投资企业其他综合收益增加了，借记“长期股权投资——其他综合收益”科目，贷记“其他综合收益”科目。如果被投资企业其他综合收益减少了，借贷方向就反过来。三是被投资企业所有者权益的变化除了被投资企业实现净损益和其他综合收益，其他的变动还有股本、资本公积等，这些变动不是很频繁，我们打包处理就可以，相关的变化借记“长期股权投资——其他权益变动”科目，贷记“资本公积——其他资本公积”科目。由此，长期股权投资的四个明细账全部诞生，长期股权投资——投资成本、损益调整、其他综合收益、其他权益变动，形成了长期股权投资的四大护法。

【会计故事会·女朋友】

恋爱中的女朋友就是权益法长期股权投资。在结婚之前对女朋友没有控制权，但具有重大影响，作为权益法长期股权投资核算。对女朋友的长期股权投资要及时反映两个人之间的亲密程度，比如今天看电影第一次手拉手，说明关系进一步了，需要增加长期股权投资的账面价值，如果小情侣之前发生口角那就要减少长期股权投资的账面价值。另外出现情敌，也要紧密关注是否需要减少长投的账面价值。总之，权益法长期股权投资的账面价值随着两人之前的亲密程度的变动而变动。

（四）长期股权投资的处置

天下没有不散的筵席，说好天长地久也难免半路分道扬镳。长期股权投资处置的时候不能藕断丝连，将账上所有的长期股权投资账户全部清零，出售所得价款与处置的长投的账面价值之间的差额，计入投资收益。除此之外，对于权益法核算的长期股权投资，在处置时原来因被投资企业其他综合收益变动或其他所有者权益变动计入长投其他综合收益以及资本公积的部分，在处置时相应部分也需全部转入当期投资收益。

【会计故事会·分手】

男女朋友分手了，无论是情感上还是生活上，都要尽快处理得一干二净，包括联系方式彻底清除、对方的物品清理干净、对方送的礼物处理干净、对方的照片清理干净、归还贵重物品、摆脱对方的生活习惯等，分手时的悲伤就计入当期损益，不要资本化了。

六、资产减值：体弱多病

（一）资产减值的概念

资产是导致未来经济利益流入的资源，是面向未来的。在初始确认资产成本时按照取得成本来计量，后续计量大部分资产也是按照历史成本计量。由于环境的不确定性，后续计量中资产未来经济利益流入可能小于预期。如果资产负债表日预计的资产未来经济利益小于成本说明资产就有水分，差额的部分就不属于资产的定义，不能在账上列报为资产，这也是会计信息不高估资产的谨慎性要求。因此，需要减少资产的账面价值，给资产设置一个备抵科目，减值金额计入备抵科目的贷方，如固定资产减值准备、无形资产减值准备等。固定资产计提减值后的账面价值，也即资产的金额 = 原价 – 累计折旧 – 固定资产减值准备。

资产减值要先判断是否存在减值迹象，比如水果店的香蕉果皮发黑，这就是减值的迹象。一般资产出现减值迹象，我们就要进行减值测试，计算未来经济利益流入是否小于账面价值。

【会计故事会·医院体检】

如果将资产折旧看成是人的正常衰老，那资产减值就像疾病一样，会减少人的寿命和降低生活质量。如果看见某人脸色苍白、无精打采，我们首先想到的是这个人可能生病了，这就是所谓的减值迹象。但是不是真的生病不能只用眼睛看，到医院去照照CT、验验血等，这就是所谓的减值测试。如果检查的指标不正常，就说明资产真的减值了，需要打针吃药，会计上就是计提减值准备。

（二）资产可收回金额的计算

可收回金额就是资产的实际价值，等于资产的公允价值减去处置费用后的净额与资产未来现金流量的现值两者的孰高。可收回金额的计算体现了经济学上的理性经济人假设，比如固定资产持有目的是自用，自用的价值怎么衡量？以自用资产未来各期产生的现金流折现金额来计算，即资产未来现金流量的现值。但如果资产自用带来的价值比直接出售的价值低怎么办？公允价值减去处置费用后的净额实际上就是假设资产出售的价值，根据经济人假设，如果资产自己使用带来的价值最大就会选择自己使用，如果出售价值最大就出售，这就是孰高的原则。具体如图2－13所示。

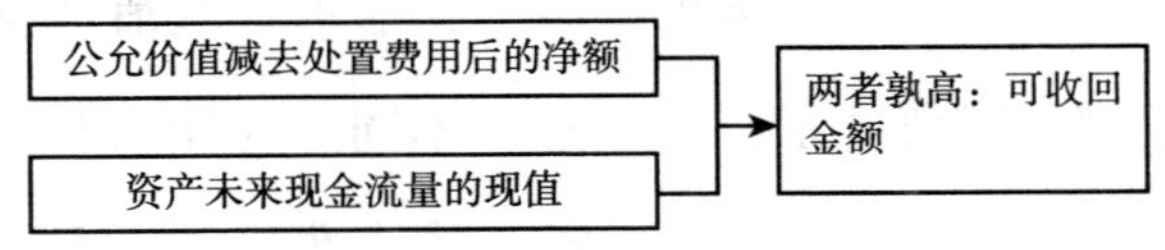

图2－13　可收回金额孰高

【会计故事会·母鸡减值测试】

鸡场下蛋的母鸡，未来通过下蛋的收入产生价值，我们可以预计母鸡的一生下蛋的数量和时点，估计每个蛋的价格是多少，因为时间跨度比较长，需要把未来不同时点的蛋的现金流进行折现，每个鸡蛋折现的金额合计数就是未来现金流的现值，这个金额就是母鸡专职下蛋的价值。如果母鸡直接出售的价值更大（公允价值减去处置费用就是出售价值），我们可能选择把母鸡直接出售。可收回金额是在出售母鸡和出售鸡蛋中进行决策，选择价值最大的方案，也就是孰高的金额。通过比较可收回金额和母鸡的成本来判断母鸡有没有减值。

（三）资产减值损失的账务处理

可收回金额低于其账面价值，企业应当将资产的账面价值减记至可收回金额。借记“资产减值损失”科目，贷记“××资产减值准备”科目。借方都是统一的资产减值损失，是利润表上一个报表项目，损失越多利润越小。贷方就是有名有姓，比如固定资产减值准备、无形资产减值准备，名字是一样，都是减值准备，但“姓”不同。为什么要加一个姓呢，因为在资产负债表上不同资产减值准备对应不同的报表项目，比如固定资产减值准备对应是固定资产这个报表项目，无形资产减值准备对应的是无形资产报表项目，需要分来列报和备抵，这叫各找各妈各回各家。具体如图 2－14 所示。

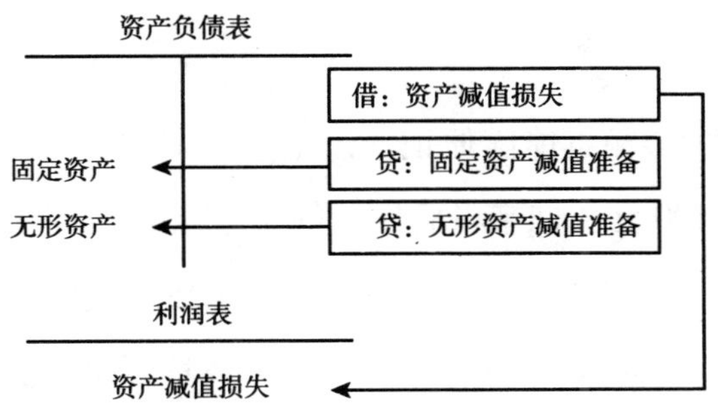

图 2－14　资产减值逻辑

【会计故事会·黑名单】

应收账款等金融资产发生减值，原因是对方不还钱，应收账款预期收不回来，说明应收账款减值了，需要计提坏账准备，确认信用减值损失。信用减值损失本质上与资产减值损失是一样的，但资产减值损失是自己的资产预期不行了，跟别人没关系。而信用减值损失不是应收账款这种资产预期不行，而是债务人不讲武德、不讲信用不还钱，名义上是坏账，实际上是坏人，因此，把这类不讲信用的人昭告天下，告诉外人，“谁谁不讲信用大家不要相信他”，这就是信用减值损失，信用减值损失对债务人来说杀伤力更大。

第三节　负债：惹不起

负债的金额不能随便记，该是多少就多少。比如你向你朋友借款100元，回来以后你把负债记为0。如果被你朋友发现了，你朋友可能找上门来，问你为什么要记为0，是不是不想还了，一激动可能打你一顿。负债特别是应交税费的金额不能随便记，记错了不是挨打的问题，是要坐牢的。

一、短期借款：雪中送炭

银行喜欢锦上添花，而不是雪中送炭。如果企业没有抵押物，没有单位担保，银行是不会轻易贷款的，因为作为经济人的银行自身也要考虑其风险，考虑到借出款项的资金安全。但是现在银行越来越讲政治，疫情期间支持企业发展特别是给中小企业雪中送炭。会计上，企业向银行或其他金融机构等借入的期限在1年以下（含1年）的各种借款叫短期借款。短期借款主要把握两点：

（1）一定是向银行等金融机构借款，向企业或股东借款不能作为短期借款核算，只能作为其他应付款，只有向银行借款才是短期借款。

（2）借款的期限在1年以内（含1年），超过1年的就是长期借款了。

【会计故事会·刘姥姥借款】

《红楼梦》中的刘姥姥，在灾荒之年没有办法维持生计，跑到贾家去借钱。刘姥姥去借钱，堪称教科书的流程。先找贾府的管家周瑞家的，她对把门的，对周瑞家的，对平儿，对丫头，尤其是对王熙凤，那是到处唱赞歌、察言观色。最后成功借了20两银子。刘姥姥的借款在会计上不能作为短期借款核算，首先贾府不是钱庄，不是金融机构；其次还要看借款的期限，如果超过1年也不是短期借款；最后，如果刘姥姥不准备归还，可以作为营业外收入核算。

二、应交税费：纳税光荣

应交税费是企业在一定时期内取得的营业收入和实现的利润或发生特定经营行为，按照规定向国家交纳的各种税金，包括应交纳的增值税、消费税、所得税等。我们主要看看税界的大咖——增值税的基本原理。

1. 增值税的基本原理

增值税顾名思义是对增值部分收的税。简单来说，就是产品或服务在你手里涨价后卖出去，那么对于涨价（增值）

这部分就需要交税，但是你上交的税实际上是别人给你的，最终由消费者承担。举个简单的例子，你花 11.3 元从王大妈家里购买一只小鸡，11.3 元中包括价款 10 元和税款 1.3 元（10×13%），王大妈需要把 1.3 元税款交给税务局，实际到手的价款就是 10 元。你把小鸡养大出售给张大叔，收到 113 元，这 113 元中包括价款 100 元和税款 13 元（100×13%）。这个过程中小鸡增值了 90 元，需要缴纳增值税 11.7 元（90×13%），但这笔钱并不是由你承担的，出售大鸡时张大叔给你的 13 元税款，你扣掉原来购买小鸡时支付的 1.3 元的税款，把剩余的 11.7 元的税款交给税务局，你实际到手的只有价款 100 元。这个过程中，税款实际上你只是过了一下手，最终王大妈缴纳的 1.3 元税款和你缴纳的 11.7 元税款合计 13 元的税款全部由最后吃鸡的张大叔承担了。具体如图 2-15 所示。

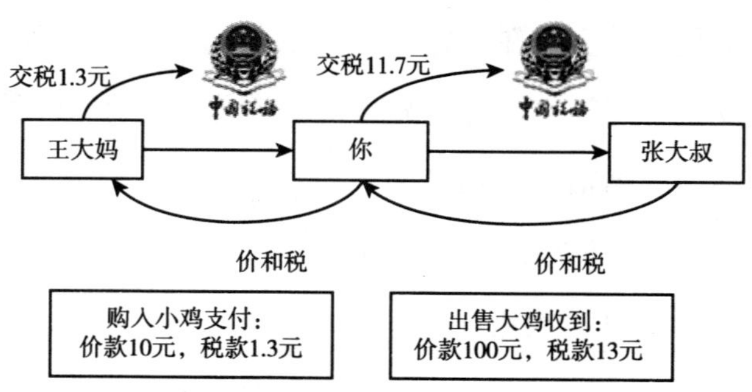

图 2-15　增值税逻辑

2. 一般纳税人购销业务的增值税

包子铺为增值税一般纳税人，增值税税率为 13%。本期采购材料收到增值税专用发票上注明的价款为 1 000 元，增值税税额为 130 元，款项以银行存款支付。包子铺的会计处理如下：

借：原材料　　　　　　　　　　　　　　1 000

　　应交税费——应交增值税（进项税额）　130

　　贷：银行存款　　　　　　　　　　　　　　1 130

包子铺本期销售商品成本 1 000 元，销售商品开具增值税专用发票上注明的价款 1 200 元，增值税税额 156 元。款项以银行存款收讫。

包子铺的会计处理如下：

借：银行存款　　　　　　　　　　　　　　1 356

　　贷：主营业务收入　　　　　　　　　　　　1 200

　　　　应交税费——应交增值税（销项税额）156

借：主营业务成本　　　　　　　　　　　　1 000

　　贷：库存商品　　　　　　　　　　　　　　1 000

包子铺本期增值税税额 156 元，进项税额 130 元，需要缴纳 26 元的增值税。当月缴纳增值税的会计处理如下：

借：应交税费——应交增值税（已交税金）　26

贷：银行存款　　26

三、应付职工薪酬：无产阶级有力量

劳动创造价值，付出劳动拿到报酬，天经地义。老板出钱、员工出力，赚了钱，老板分红，员工也拿到自己的报酬。每个月发放工资，是公司员工的头等大事，也是会计工作人员绝对不能出错的一项工作内容。职工薪酬包括两部分：一部分直接发到员工手里，跟每个员工有关，比如企业给职工的工资、奖金、补助、“五险一金”、福利、工会经费、职工教育经费、辞退补偿等；另一部分没有直接发到员工手里，却是员工受益的，主要有人员社保（单位缴纳的“五险一金”），是企业人力成本占比比较大的部分，也是企业负担比较重的地方。这部分虽没有直接体现在工资里，但实际是企业为每个员工缴纳的，按月扣款存在当地人社部门集中管理的账户里。

会计上“应付职工薪酬”科目反映期末企业应付未付的金额。小敏找工作特意挑选资产负债表上应付职工薪酬高的企业投简历。资产负债表上的应付职工薪酬是一项负债，通俗点说就是欠的工资。应付职工薪酬越高说明企业拖欠的工资越多，可千万别搞错意思了。一般企业都是当月发放上月工资，所以表上都有应付职工薪酬余额。会计上不同人员的薪酬计入不同的成本费用，生产人员的工资计入生产成本、车间管理人员的薪酬计入制造费用、管理人员的薪酬计入管理费用、销售人员的薪酬计入销售费用，等等。比如某企业分管生产的副总薪酬100万元，按照会计规定高管的薪酬计入管理费用，管理费用直接计入利润表，使得该企业当年利润减少100万元。但是如果将该副总临时任命为生产车间主任，那么该100万元工资则被计入制造费用，变成生产成本，从而进入存货。存货是要被卖出后（假设存货次年卖出），才能被结转为营业成本。如此一来，企业当期管理成本减少了100万元，当期利润便多出100万元。

【会计故事会·包拯的工资】

据《职官志》记载，包拯作为开封知府，月工资为15石米和17石麦子，每月还有34捆柴火、52捆干草和1 600贯“公使钱”。除了这些朝廷还给包拯调拨了3 000亩良田且不收税。对于宋朝的官员冬天还会发放230斤木炭。如果把包拯的收入和所有赏赐换算成钱币一共是21 068贯。按当时300文铜钱的购买力，与今天260元的购买力相当，21 068贯相当于1 268万元。

四、预计负债：忐忑不安

1. 或有负债

假如你向同学借入 1 000 元，你准备按时还钱的可能性小于 50%，心情好就还，心情不好就不还，这个时候，该借款就不符合负债的确认条件，负债的确认条件中有一条，经济利益很可能流出。会计上把事项发生的可能性分为以下几个层次：基本确定、很可能、可能、极小可能。其中，“基本确定”是指发生的可能性大于 95% 但小于 100%；“很可能”是指发生的可能性大于 50% 但小于或等于 95%；“可能”是指发生的可能性大于 5% 但小于或等于 50%；“极小可能”是指发生的可能性大于 0 但小于或等于 5%。确认负债的可能性要很可能，还钱的概率要大于 50% 才能确认。小于 50% 是或有负债不能确认，意思就是说可能是负债也可能不是负债。或有负债指或过去的交易或事项形成的现时义务，履行该义务不是很可能导致经济利益流出企业或该义务的金额不能可靠地计量，另外，潜在义务也属于或有负债，比如小偷偷了东西但还没有被人发现，虽然现在还没有被发现但心里很忐忑，这种状态就是潜在义务，不能不打自招，不确认负债，要不然别人都知道了。现时义务是被人发现了，不用藏着掖着了，如果赔偿的事实和金额确定，这个时候就要确认负债了。如果赔偿的金额不确定，或赔偿的可能性不是很可能，这个时候也不用确认为负债。或有负债为表外事项，即不在资产负债表中反映，在报表附注中披露就可以。

【会计故事会·小强的暴风骤雨】

小强考了35分，为了不挨打自己偷偷把成绩改成85分，妈妈一时没有发现，这个时候对小强来说就是一个潜在义务，不能确认负债，要不然不打自招，虽然现在还没发现但心里很忐忑。第二天放学路上接到爷爷密报，改成绩的事情被妈妈发现了，这就是现时义务了，准备面对暴风骤雨吧。小强回家路上战战兢兢，不知道回家后将会面临什么，这叫经济利益流出的金额不能可靠地计量，属于或有负债，不是负债，因为金额确认不了。如果按照以往的经验打一顿必不可少，这叫金额能够可靠计量，确认负债。如果小强夜观天象发现今天妈妈心情很好，很可能手下留情，打一顿的可能性小于50%，这叫不是很可能导致经济利益流出，也属于或有负债，也不用确认为负债。

2. 预计负债的确认

与或有事项相关的义务同时满足相关条件应当确认为预计负债。一是事情败露了，潜在义务变成了现时义务；二是履行该现时义务义务的可能性超过50%了，属于很可能；三是负债的金额能够可靠计量。这个时候或有负债就藏不住了，要走上台面上在报表上确认。会计上，常见的产生预计负债的事项包括对外提供担保、未决诉讼、产品质量保证、重组义务以及待执行的亏损合同等。

【会计故事会·小强的负债】

放学路上根据爷爷的密报改成绩的事情被妈妈发现了，小强设想着自己的遭遇。首先事情暴露，潜在义务变成了现时义务。其次，妈妈的愤怒，后果很严重，小强很清楚，这就是金额能够可靠计量。最后，今天爸爸不在家，没人护着，这一顿打是挨定了，如果挨打的可能性在95%以上，这基本没啥悬念了，没到家之前先直接确认为其他应付款；如果挨打的可能性为50%～95%，还有点悬念，先确认为预计负债，但愿上天显灵，逃过这一劫。

3. 预计负债的计量

预计负债的计量主要涉及两个方面：一是最佳估计数的确定；二是预期可获得补偿的处理。预计负债的金额需要根据最佳估计数来估计，比如小强挨打的可能性是90%，这就是很可能了，满足其他条件就要确认预计负债了。下一步就是确认预计负债的金额问题，挨打分为打的重和打的轻两种情况，假设打的重的可能性是60%，对应的疼痛金额为100元，打得轻的可能性是40%，对应的疼痛金额为60元。第一种方法最可能发生法，最佳估计数就是按照最可能发生的金额来估计，即60%的这种情况，预计负债确认100元。第二种方法是期望值法，最佳估计数按照各种可能结果及相关概率计算确定期望值，预计负债的金额 = 100 × 60% + 60 × 40% = 84（元）。

爷爷奶奶心疼孙子，小强基本确定由于挨打可以收到爷爷奶奶的抚慰金，这个抚慰金就是预期可获补偿。对于预期可获补偿的处理，如果清偿因或有事项而确认的负债所需支出全部或部分预期由第三方或其他方补偿，则补偿金额只能在基本确定能收到时，才能作为资产单独确认，且确认的补偿金额不应超过所确认负债的账面价值。

【会计故事会·意外补偿】

假设小强挨打确认的预计负债金额100元，如果预计爷爷奶奶的抚慰金基本确定能够拿到80元，这个80元单独确认为其他应收款同时冲减营业外支出，不能按照100元和80元的差额确认预计负债，预计负债还是按照100元确认，不能忘了伤疤。如果预计爷爷奶奶的抚慰金是200元，比确认的预计负债金额还多，这个时候确认的其他应收款的金额不能是200元，而是按照100元即不超过预计负债的金额来确定，正好将预计负债的营业外支出冲完了。如果确认的预期可获补偿超过预计负债，会导致预期可获补偿与预计负债的差额计入营业外收入，也就是坏事变好事了。这显然不符合实际情况，从小强的报表上看挨打还增加了营业外收入，给别人的感觉是小强应该多挨几次打才好。因此，会计上规定，预期可获补偿不应超过所确认负债的账面价值。

五、应付债券：天长地久

企业没钱了不要走歪路印假币，可以印自己的债券，也有面值。纸币其实也是国家发行的一种债券。债券约定了每期的利息以及还钱的期限。企业债券的发行方式有三种，即面值发行、溢价发行、折价发行。面值是未来要归还的本金，溢价发行是发行价格高于面值，折价是发行价格小于面值。假设企业发行债券的票面利率比市场利率高，你的债券收益率高，投资者挤破脑袋想买，买的人多了就可以涨价，面值100元的债券你卖110元，这就是溢价发行，即债券的票面利率 > 市场利率，溢价发行（超过债券票面发行）。反之，债券的票面利率 < 市场利率，你发行的债券收益率没有别家的收益率高，投资者都买别人家的债券去了，没人买你发行的

债券，这个时候你可以打折卖债券，100 元面值的债券卖 90 元，打到骨折就有人买了，这就是折价发行（低于债券面值发行）。

【会计故事会·八戒融资】

八戒开了一家高老庄农家乐，资金不足，于是准备发行 1 万张面值 100 元的猪猪券。猪猪券 5 年以后按照面值收回，每年年末按照 5% 的利率支付利息。市场上悟空券、嫦娥券等其他债券的利率都小于 5%，八戒一开门就看见外面挤满了排队买猪猪券的人，八戒一看生意这么好，灵机一动，一拍大腿决定将价格从 100 元一张涨到 150 元，结果没人购买。八戒想可能价格涨得太猛了，将价格降到 120 元，债券顺利地销售出去了，融资金额 120 万元。八戒未来每年要按照约定支付 5 万元的利息，5 年后偿还 100 万元的本金。

第四节　所有者权益：企业的根基

资产负债表左边的资产减去右上方的负债就是所有者权益，所有者权益是资产负债表的东南方向，属于剩余权益。所有者权益反映的是所有者投入资本的保值增值情况，是资产负债表的根基。所有者权益的来源包括所有者投入的资本、其他综合收益、留存收益等，通常由实收资本（股本）、资本公积、其他综合收益、盈余公积和未分配利润等构成。其中，盈余公积和未分配利润又称之为留存收益。具体如图 2－16 所示。

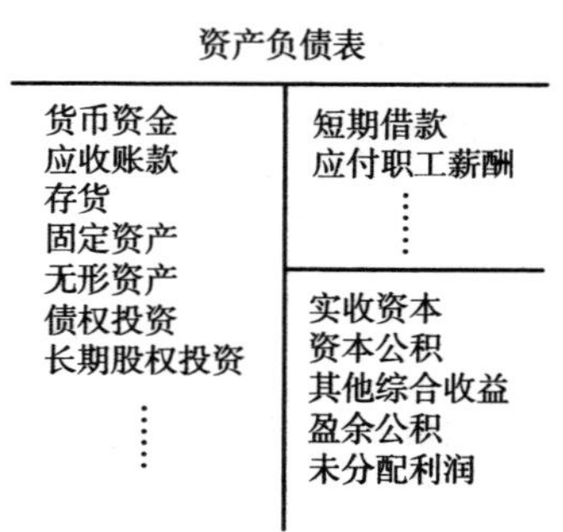

图 2－16　资产负债表示意

一、实收资本：希望的种子

高老板开包子铺投入资本 100 万元作为注册资本，这 100 万元就是包子铺的实收资本。实收资本指企业实际收到的投资人投入的资本。根据《公司法》的规定，投资人以注册资本即出资额为限承担有限责任，这就叫有限责任公司。万一公司未来资不抵债，投资人大不了投入的资本打水漂，不会连坐私有财产，因此，注册资本本身是一种对投资人的保护机制，高老板不用每天提心吊胆担心包子铺经营失败、家破人亡。为了界定投资人承担责任的金额，投入资本需要到政府工商部门进行登记，确定投资人投入资本或承诺投资资本（认缴制）的金额，并公示天下，要不然投资者承担责任的金额不好确定，这就是注册登记的原因。

【会计故事会·八戒的农家乐】

八戒准备开一家高老庄农家乐，找猴哥和沙僧入股成立有限责任公司，向托塔天王负责的工商部门登记注册资本100万元，其中，八戒货币出资60万元，持股60%；猴哥和沙僧各出资20万元，分别持股20%。这个100万元就是实收资本，如果经营失败，八戒等各位股东以注册资本为限承担有限责任，大不了出资的这100万元打水漂，不用承担无限责任。

二、资本公积：资本充公

公积就是公共积累，资本公积就是股东投入资本充公的部分，属于股东公有的。资本公积与资本私积对应，资本公积是属于大家的，资本私积是投资资本属于自己的部分。高老板开包子铺投入资本100万元全部作为实收资本，持股比例100%。经营一年以后高老板的同学王同学看高老板包子铺风生水起也要加入投资100万元。王老板出资100万元跟高老板原始股东出资100万元性质是不一样的，原始股东在前期经营过程中承担了更多的不确定性和风险。高老板和王老板协商达成一致，王老板出资100万元享有包子铺16.67%的股权，即20/(100+20)=16.67%，也就是说，增加实收资本20万元。王老板出资后高老板的股权稀释成83.33%[即100/(100+20)=83.33%]。王老板出资金额100万元中20万元作为自己的实收资本登记在自己名下，其余的80万元就是资本公积，作为股东公共的积累，是不记名的。

【会计故事会·红孩儿买房】

红孩儿夫妻俩买房，牛魔王给了他们100万元。夫妻商量这100万元会计上怎么核算，如果作为借款核算，那表明迟早要还；如果作为营业外收入，感觉像个骗子，能骗一笔是一笔，有点不地道；如果作为实收资本核算，后患无穷，特别是婆媳关系不好处理，意见不好统一。最后夫妻俩一拍大腿，作为资本公积核算，既不影响股权结构，也不用想着还钱，还心安理得。

三、其他综合收益：损益中转站

其他综合收益对于现在来说就是个纸上富贵。企业在经营过程中会产生很多利得和损失，多数利得和损失可以直接计入当期损益，即计入营业外收入和营业外支出，这些利得和损失直接影响利润表中净利润。但是有些利得和损失不允许直接计入当期损益，就是不让直接影响当期利润，防止企业操纵利润，也就是说，虽然你出现了利得或损失，但就是不让计入当期损益。因为这些利得和损失往往是表面上的、虚的，最终能不能落袋还是个未知数。比如其他债权投资的债券持有期间的涨跌（就是公允价值变化），就不能因此说自己发生了收益或损失，因为还没有卖出去，真正卖出去时很可能就不是这个价格，收益和损失都是不确定的。然而，企业确实出现了利得或损失，那放哪儿呢？又得客观真实地反映企业的现状。会计前辈们就想出了一个“其他综合收益”，把这种利得和损失先放这里过渡，以后这些利得和损失真正实现了，再把它转出去。

企业非日常活动中的利得和损失包括直接计入当期损益的和直接计入所有者权益的。直接计入当期损益的利得和损失对应的科目是营业外收入和营业外支出。直接计入所有者权益的利得和损失对应的科目是其他综合收益。其他综合收益又称为“收益中转站”，属于过渡性质，那下一步有两个方向：一个方向是转入当期损益。这类就是修成了正果，也名正言顺地变成了收益和损失，进入利润表，这叫以后会计期间可以重分类进损益的其他综合收益，比如其他债权投资的公允价值变动。另一个方向是不能转入当期损益。这类就是虽然其他综合收益叫收益，但就是不能给你名正言顺地进入利润表，不过考虑到毕竟给企业带来利得或损益，就让进入留存收益，也算是修成了正果，这叫以后会计期间不能重分类进损益的其他综合收益，比如其他权益工具投资的公允价值变动。

【会计故事会·大坝】

2006年5月20日，全线浇筑达到185米高度的三峡大坝建成。大坝蓄水就如同其他综合收益，先把收益存储起来，等资产处置的时候再把存储的水通过利润表浩浩荡荡流入大海，大海就是留存收益，是利润的终点。当然，有些其他综合收益金额大、性质特殊，如果一次性泄洪会把下游全部淹没，因此，不能通过利润表流入大海，而是直接通过水蒸气空运到大海，将其他综合收益直接转入留存收益。

四、留存收益：想分就分

企业赚钱了可以作为分红分给股东，但不能把所赚的钱全部都分个精光，还要留一部分用于企业的发展，这样才能财源滚滚。企业赚的钱没有分配留存在企业的这部分金额就是留存收益。留存收益包括盈余公积和未分配利润，盈余公积是国家怕企业超额分配耽误发展强制要求留存的一部分，未分配利润是利润中可以分配但还没有分配的这部分。

【会计故事会·铁扇公主】

红孩儿每个月的工资是10 000元，铁扇公主怕红孩儿成为月光族，每个月要求其计提工资的50%不能支出，用于小家庭的发展，这就是盈余公积。剩余的部分红孩儿可以自由支配，没有花完的就是未分配利润。

第三章　利润表：企业的面子

第一节　利润表的面纱

一、利润表的内涵：美颜照片

利润表是重要的财务报表之一，也叫损益表，是最招人喜欢的报表，号称上市公司的成绩单，主要计算和展现企业的盈利状况。利润表按照“收入－费用＝利润”的基本原理来设计，比如一年到头家里收入多少、支出多少，最后还剩多少钱。利润表中收入是大咖，各类收入浓妆艳抹在利润表这个号称“春晚大舞台”上争奇斗艳。利润表是根据权责发生制编制的，收入不等于收钱，费用不等于付钱，利润是“算”出来的，很多时候都是美颜出来的，关键要看含

"金"量。

【会计故事会·美颜照片】

小张经朋友介绍一相亲女生，小张看女生照片还不错，总体感觉就是很清纯、很漂亮的一个女孩子，两人之前没见面一直微信联系。两人聊得还行，于是约见面吃饭，当天女孩化着浓妆，但之前的照片美颜美得太过劲了，与真人完全不一样，脸型都不同。一般来说，女孩的容颜分为三种状态，一是素颜；二是妆颜；三是美颜。每种状态都会让人耳目一新的感觉。利润表也有三种状态：真实现金流的利润、权责发生制的利润、造假的利润，正常化个妆可以，但如果任意美颜就容易误导报表使用者。

二、利润表的结构：俄罗斯套娃

利润表最核心的是利润表的真实性，其次是利润表的结构即利润的构成和来源。利润表中有三个层次的利润：首先是营业利润，其次是利润总额，最后是净利润。利润表的结构反映了利润的可持续性。比如小张购买彩票中奖500万元，虽然这个金额很高但是偶然的，不是每年都有，在利润表中要特别提示"这是偶然所得，不是日常经营所得"，以免误导报表使用者。利润表中营业收入－营业成本以及相关费用＝

营业利润，营业利润具有可持续性和稳定性，也是利润表中的核心利润。在营业利润的基础上加上营业外收入，减去营业外支出得出利润总额，营业外收入和营业外支出都属于偶然性的收入和支出，不具有可持续性，因此，必须单独列示，而且排在后面列示。利润总额减去所得税费用就是最终的净利润，也是归属于股东的剩余收益。利润表的具体结构如表3－1所示。

表3－1　　利润表（简表）

编制单位：　　年　月　　单位：元

项目	本期金额	上期金额
一、营业收入		
减：营业成本		
税金及附加		
销售费用		
管理费用		
研发费用		
财务费用		
投资收益（损失以“－”号填列）		
公允价值变动收益（损失以“－”号填列）		
信用减值损失（损失以“－”号填列）		
资产减值损失（损失以“－”号填列）		
资产处置收益（损失以“－”号填列）		
二、营业利润（亏损以“－”号填列）		
加：营业外收入		
减：营业外支出		
三、利润总额（亏损总额以“－”号填列）		
减：所得税费用		
四、净利润（净亏损以“－”号填列）		

【会计故事会·俄罗斯套娃】

小时候经常玩“俄罗斯套娃”，俄罗斯套娃就是一个娃娃肚子里装了另一个娃娃，并且一直循环下去，一个比一个小，一层一层里面可以装很多个娃娃。最外层的娃娃好比是企业总的营业收入，最里层小娃娃相当于企业的净利润，中间层的娃娃就是各种口径的不同利润。当你一层层掏出娃娃时，最后露出的就是企业净利润。

第二节　收入：羊毛出在羊身上

一、收入的概念：羊毛出在羊身上

小张看到电线杆上的广告“某著名旅游城市双飞三天两晚五星级酒店只要 1 000 元，只要 1 000 元，没错，后面只有 3 个 0”。心动不如行动，小张兴高采烈地踏上了魔幻之旅。旅途之处游山玩水，既兴奋又激动，不知不觉地进入了传说中的购物环节，购物环节果然名不虚传，一个普通手镯 10 000 元，没错后面 4 个 0。这就是所谓的“低价揽客、高价购物”的商业模式，通过低价提供旅游服务把游客吸引过来，再通过高价销售旅游商品的方式实现盈利，典型的羊毛出在羊身上。在收入确认上，如果按照低价确认提供旅游服务的收入，高价确认销售商品的收入，这样提供的信息只反映了收入的表明形式，没有反映实质，会误导报表使用者。比如报表使用者会认为既然销售旅游商品这么暴利，干脆改行专门销售旅游商品得了，殊不知没有前面的低价也就没有后面的高价。新收入准则要求还原提供旅游服务和销售旅游商品的经济实质，通过乾坤大挪移重新分配收入金额来反映旅游服务和销售商品各自真实的收入金额，这就是所谓的收入金额要反映其向客户转让商品的模式。

【会计故事会·免费的鸡蛋】

某店面门口有很多老头老太在排队领鸡蛋，每人每天领10个鸡蛋。这鸡蛋可不是白领的，领了鸡蛋得进去听课，听课就是推销保健品。开始的时候大爷大妈们只是为了免费的鸡蛋去听课装样子，但是卖保健品的人洗脑功夫一流，听不了多久就开始高价购买保健品，最终免费的鸡蛋还是羊毛出在羊身上，没有免费的午餐。企业的各种销售套路，高档一点就是商业模式，企业确认收入要反映商业模式。对于企业来说鸡蛋虽然免费，但最终还是通过高价的保健品得到了补偿，因此，要把保健品高价的部分作为鸡蛋的收入来确认，这样才能反映真实的商业模式，相当于按照正常的市场价格出售鸡蛋和保健品，鸡蛋也不免费，保健品也不高价，要不然不符合市场逻辑。

二、收入确认和计量的五步法：乾坤大挪移

收入的确认和计量要适应商业模式的发展，旅行社从小张身上共收到 11 000 元，提供了一项旅游服务，销售了一项商品。假设正常情况下旅游服务的市场价格是 10 000 元，手镯的市场价格是 1 000 元，那么会计上怎么确认收入呢？旅游服务虽然实际只收到 1 000 元，但会计上要还原其实质，确认 10 000 元的旅游服务收入。销售手镯虽然收到 10 000 元，但实际应当确认 1 000 元收入。这就是所谓的收入确认要反映商业模式，不能被表象蒙蔽了双眼，从而误导报表使用者作出错误决策。收入的金额要反映其商业模式就必须用进行乾坤大挪移。乾坤大挪移一共分为五步。

第一步：识别与客户订立的合同（把套路看透）。

销售的商业模式，俗话说也叫套路，需要把企业提供的相关商品或服务打包起来才能看清楚，才能知道葫芦里到底卖的什么药。比如小张的魔幻旅游之旅，应该把后面买手镯的这个业务和旅游服务业务合起来，才能看清楚旅行社的套路。所以第一步就是要看清楚套路，套路是一个组合

拳，相关服务和商品一个都不能少，要不然套路就看不懂、看不透。

第一步的关键是合同合并，也就是把套路看清楚。合同合并为收入金额乾坤大挪移提供了基础，将多份合同合起来的目的就是打通各合同的价格，后续重新分配相关收入的金额，把羊毛回归到羊身上，还原各合同收入金额的庐山真面目。合同合并是新收入准则中的神来之笔，把相关合同合起来才能看出真实的商业模式，所以合并合同千万不能遗漏，要不然收入确认的金额就不准确。

【会计故事会·囚徒定价】

包子铺购买打印机，货比三家发现有一厂商销售的打印机明显比其他厂商要低，赶紧下单，还免费送了三盒墨粉。等送的墨粉用完以后再去采购墨粉的时候，发现这款墨粉只能在原厂商采购，而且墨粉的价格比市场其他类似产品的要高。这就是所谓的羊毛出在羊身上，本质是用高价出售高频次消费的次产品来弥补低价出售低频率消费的主产品损失的利润空间。包子铺看似在买打印机的时候占便宜，但拉长时间周期看，在买打印机时占的那点小便宜都在后期不断购买墨粉盒的时候还回去了。这种定价模式也叫做“囚徒定价”：先用低价把你吸引过来，一旦你上钩了，你就成了商家的囚徒，即使商家在后面有昂贵的收费，你也只能乖乖就范。

第二步：识别合同中的单项履约义务。

履约义务就是企业提供哪些商品和服务。企业的权利是收钱，义务是提供合同约定的商品和服务。顾客的权利是获得商品和服务，义务是付钱。即甲方的权利就是乙方的义务，乙方的权利就是甲方的义务。企业签了合同就要履行合同约定的义务，看看需要提供哪些商品和服务，一个都不能少，否则后果很严重。需强调的是，履约义务一定能够分清楚，这叫可明确区分，第二个客户能够直接用。比如一部手机，里面有成千上万个零件和软件，每一项都可以明确区分，但客户要的是整机不是零件和软件，整个手机才是一个单项履约义务。

【会计故事会·吃大餐】

客人在饭店点了10道菜，对饭店来说客人点的每一道菜都是可明确区分商品的承诺，少上一个菜都不行，这就是10个单项履约义务。如果客户点了一份北京烤鸭，饭店直接上来一只没有烤的鸭子，客户没法吃，即客户不能从商品本身或者从商品与其他易于获得的资源一起使用中受益，所以这不是单项履约义务。饭店必须继续履行义务，把鸭子拿去烤熟了再端上桌来。

【会计故事会·买房子送家具】

2008 年央视春晚蔡明和郭达表演的小品《梦幻家园》让观众开怀大笑。咱们感受一下：

郭达（购房者）：你们上面写着买房子送家具，你们送了吗？

蔡明（售楼员）：您买了吗？

郭达：什么叫我买了吗？

蔡明：您没买我们怎么送啊？

郭达：不，你们怎么个送法啊？

蔡明：就是您在家具店买了我们给您送家去。

如果开发商承诺买房子送家具，当然不是“你买家具我负责送”，是赠送家具。这里面开发商有两个履约义务：一是将房子提供给购房者；二是赠送的家具。两个履约义务一个都不能少。

第三步：确定交易价格。

交易价格就是把整个商业模式涉及的合同价格全部合起来，加起来的目的是重新分配，原来旅游服务收费 1 000 元，销售手镯 10 000 元，明显不合理，必须全部上缴，然后再合理分配。

另外，各合同的价格一般都有明码标价，但交易价格不仅仅是我们平时理解的标价，可能存在折扣、退款、返利、激励、绩效奖金等各种情况，这时需要调整交易价格。在确定交易价格时，企业应当考虑可变对价、非现金对价等因素的影响。

【会计故事会·可变对价】

甲公司与客户订立一项建造定制资产的合同，客户已承诺的对价为250万元，但视资产完工的时间，该金额有可能会减少或增加。若资产于2022年3月31日仍未完工，则每推迟一天完成，已承诺的对价将减少1万元；若资产在2022年3月31日前完工，则每提前一天完成，已承诺的对价将增加1万元。此外，在资产完工后，将由第三方评估师对资产实施检查并给予评级，如果资产达到特定评级，甲公司有权获得奖励款15万元。这就是可变对价，不知道最后到手的金额是多少。

第四步：将交易价格分摊至各单项履约义务。

第四步是最核心的，也是乾坤大挪移的精髓，通过第一、二步，我们知道了合同中有几个单项履约义务。通过第三步，我们知道了调整后的交易价格。前面三步都是为第四步做铺垫的，第四步是将第三步确定整合商业模式涉及的交易价格，按照各单项履约义务所承诺商品的单独售价的相对比例，将交易价格分摊至各单项履约义务。

【会计故事会·压岁钱】

小张春节带两个小孩回家过年，爷爷看见孙子孙女很是稀罕，除夕爷爷发压岁钱的时候给大宝100元，本来给二宝也是100元，结果眼花给了一张10元的。二宝哭哭啼啼委屈得心里不平衡，妈妈把两个小孩都叫过来，让大宝、二宝把各自的压岁钱全部上缴，一共是110元，然后再重新分配，一人55元。这就是乾坤大挪移，当然分配要合理，要不然大宝和二宝都有意见。

第五步：履行每一单项履约义务时确定收入。

前面经过四步已经是万事俱备，只欠东风了。每个单项履约义务都分配好了交易价格，交易价格就是单项履约义务的收入金额，就等履行履约义务了，履行一个履约义务确认一个收入，什么时候履行什么时候确认收入，先履行先确认。会计准则规定，企业应当在履行了合同中的履约义务，即客户取得相关商品控制权时确认收入。履行履约义务分为两种情况：一是在某一点履行的履约义务。比如去菜市场买菜，一手交钱一手交菜，控制权一瞬间一次转移，这个时候就一次性确认收入。二是在某一时段内履行的履约义务。比如定制一双鞋子，由于是顾客定制的，所以这双鞋子还没出生就名花有主了，控制权随着鞋子的完工进度一点一点同步转移给顾客，等鞋子完工了控制权也转移完了，顾客要也得要，不要也得要。在某一时段内履行的履约义务收入按照履约进度逐步确认收入，不用等到完工后一次性确认收入。

【会计故事会·建房子】

建筑企业承揽了一个大工程——上海环球金融中心，建造一栋地上101层、地下5层的大楼，合同价款148亿元，建造工期是2年。如果在第2年完工的时候一次性确认收入150亿元，那第一年怎么看？第1年辛辛苦苦，结果利润表上收入是0，利润还是负数，外部报表使用者以为你这一年在家睡大觉，没有干活，这显然不合理。因此，针对这种情况可以将150亿元的收入按照履约进度逐步确认收入，比如按照时间进度或者按照楼层高度，每完成一层确认1.40亿元。这种处理方式可以更为真实地提供收入信息。

三、收入运用的典型案例

1. 先低后高模式

假设企业销售两件商品，第一件商品的市场价格为120万元，合同价为100万元，第二件商品的市场价为180万元，合同价为200万元。第一件商品少收的20万元从第二件商品上收回了。因此，第一件商品虽然实际收到 100 万元，但要确认 120 万元的收入，因为没有第一件的低价就没有第二件的高价。第一件商品实际收到的 100 万元，与收入 120 万元之间的差额计入合同资产，这个合同资产是内部记账用的，跟客户没有关系。第二件商品实际收到 200 万元，与收入 180 万元之间的差额正好把原来确认的 20 万元的合同资产冲掉。合同资产在这里就是一个乾坤大挪移的工具，将第一件商品上少收的 20 万元先记账，从第二件商品的收款中再收回来。具体如图 3－1 所示。

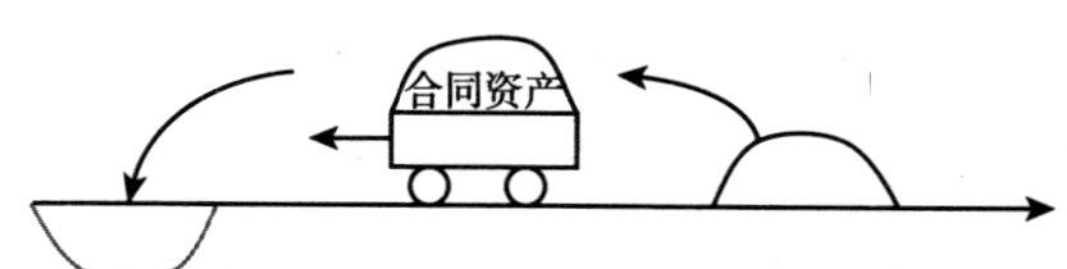

第一件商品100万元（市场价120万元）：
借：银行存款　　100
　　合同资产　　20
　　贷：主营业务收入　　120

第二件商品200万元（市场价格180万元）：
借：银行存款　　200
　　贷：主营业务收入　　180
　　　　合同资产　　20

图 3－1　先低后高模式

2. 先高后低模式

假设企业销售两件商品，第一件商品的市场价格 100 万元，合同价 120 万元。第二件商品的市场价 200 万元，合同价 180 万元。第一件商品多收了 20 万元，第二件商品少收了 20 万元。第一件商品虽然实际收到 120 万元，但要确认 100 万元的收入。第一件商品实际收到的120万元，与收入100万元之间的差额计入“合同负债”，“合同负债”也是内部记账用的，是内部乾坤大挪移的工具。第二件商品实际收到180万元，与收入200万元之间的差额正好把原来确认的20万元的合同负债冲掉。具体如图3－2所示。

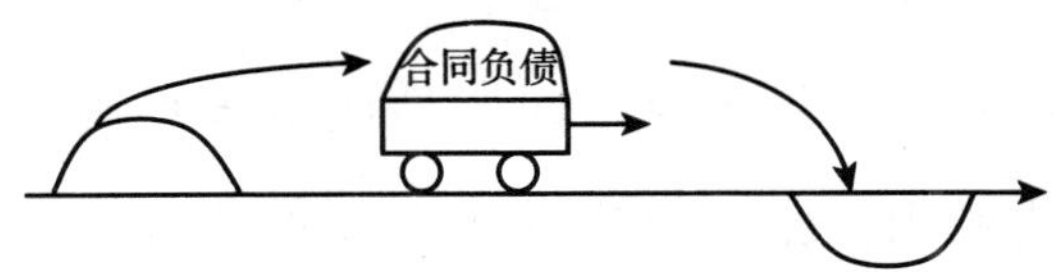

第一件商品120万元（市场价100万元）：		第二件商品180万元（市场价格200万元）：	
借：银行存款	120	借：银行存款	180
贷：主营业务收入	100	合同负债	20
合同负债	20	贷：主营业务收入	200

图3－2　先高后低模式

第三节　费用：有付出才有收获

费用是取得收入的代价，“没有付出就没有收获”，收获就是收入，付出就是费用。费用是指企业在日常活动中发生的、会导致所有者权益减少的、与向所有者分配利润无关的经济利益的总流出。费用主要包括营业成本和相关期间费用。

一、营业成本：冒烟的存货

营业收入与营业成本对应，销售商品的收入在利润表上计入营业收入，其对应的商品成本没有出售之前体现在资产负债表上的存货项目中，出售产生营业收入，存货就转入利润表的营业成本，也就是存货冒烟了，营业收入与营业成本成双成对。营业成本即产品成本 = 直接材料 + 直接人工 + 制造费用，比如饭店炒土豆丝的成本，购入土豆的成本就是直接材料，厨师的工资就是直接人工，炒菜过程中的电费、水费、燃气费等就是需要分摊的制造费用。料、工、费就是营业成本的“三驾马车”，如何降成本？降料这驾马车，找供应商砍价；降工这驾马车，提高劳动生产率；降费这驾马车，合理设计生产工艺和流程，减少各项间接费用。

【会计故事会 · 酒的成本】

一瓶 1 599 元的酒成本到底是多少呢？××酒的原料包括高粱、人工费用和酒瓶的成本等，5 斤高粱再加 1 斤酒曲就可烧出 1 斤白酒，高粱、大麦、小麦等平均 1.5 元左右，不包括人工等其他成本，1 斤酒的价格为 8 ~ 10 元。考虑到人力成本、包装成本等，一瓶酒总成本在 150 元左右。

二、销售费用：王婆卖瓜

产品完工后销售环节发生的产品运输费用、广告费、销售机构和人员的费用叫销售费用。销售费用是为支持销售业务活动或行为而支出的费用，包括为养活销售业务员支付工资，为维持销售场地基本运行的水电费，为支持销售活动而支付的广告费，为销售活动提供场所的租金或房产折旧费，销售活动消耗的一些耗材办公费等，凡是为支持销售活动而发生费用就可以计入销售费用。一般保健品行业销售费用比较高，营业成本很低，天天打广告，比如洗脑广告——“今年过节不收礼，收礼只收脑白金”，这些广告费用就是销售费用。

【会计故事会·找工作的成本】

小杜大学毕业要找工作了，拿到学位证、毕业证对学校来说就是“产成品”了。在校学习期间的支出属于资本化支出计入产品成本。从找工作的开始到成功地把自己营销出去的相关支出就是销售费用，不能计入产品成本。小杜为了找工作需要置办行头搞个发型，另外，打印简历、面试过程中的差旅费、食宿费以及培训费等，这些都计入销售费用。

三、财务费用：融资成本

财务费用不是财务人员的费用，主要是企业借钱支付利息。财务费用是指企业为筹集生产经营所需资金等而发生的费用，包括利息支出（减利息收入）、汇兑损失（减汇兑收益）以及相关的手续费等。一般企业借款而发生的利息、辅助费用等叫借款费用，借款费用的会计处理分为两种情况：一是资本化，比如为了建造一个厂房，企业向银行借款形成30万元的借款利息支出。厂房的建造成本1 000万元，如果这30万元的利息支出符合资本化条件，则厂房总的入账成本为1 030万元，这30万元的借款费用就被资本化了。二是费用化，如果不符合资本化条件的借款费用计入财务费用，比如日常经营活动短期借款的利息支出。

【会计故事会·利息送福利】

张经理借款100万元回家盖房子，建造周期在1年以上，建造期间的借款利息可以计入房子（在建工程）的成本，完工后转入固定资产成本。房子完工后的借款费用就不能再计入成本了，因为固定资产不可能再开膛破肚，固定资产的成本初始确认后就不变的，相关借款费用直接计入财务费用。借款费用资本化属于会计送福利，借款费用资本化导致同样的房子自有资金建造和借款建造的成本不同，但房子本身没有任何差异，不会因为借款费用资本化了，将普通住宅一下变成豪宅。

四、管理费用：垃圾桶

管理费用是企业为组织和管理企业生产经营所发生的管理费用，管理费用是事关企业全局的，包括董事长等高管的工资、业务招待费、差旅费、办公费、由行政管理部门使用的各项固定资产折旧及修理费用、行政管理部门使用的低值易耗品摊销、企业董事会发生的日常开支、咨询费、中介机构费用、诉讼费、会议费、租赁费等。管理费用名目众多、包罗万象。实务中，会计人员遇到不知道如何入账的费用，不管三七二十一直接往管理费用中扔就可以了。

【会计故事会·高大上的管理费用】

董事长、总经理等管理人员的工资计入管理费用，“管理费用”科目看起来很高大上的。在学校上课的时候听老师说我们财务人员的工资也计入管理费用，与董事长、总经理享受一个待遇，顿时觉得财务也高大上。后来才发现，原来企业里面看大门的保安叔叔、办公室保洁阿姨的工资也计入管理费用。管理费用并不是那么高大上，相反“管理费用”科目就是一个垃圾桶，没人管、没人要的费用都往里面扔。

第四节　利润：最终成果

利润是收入减去费用，是公司的最终收获。我们采取多步式利润的方式通过对当期的收入、费用、支出项目按性质加以归类，按利润形成的主要环节列示一些中间性利润指标，分步计算当期净损益，以便财务报表使用者理解企业经营成果的不同来源。具体如图3－3所示。

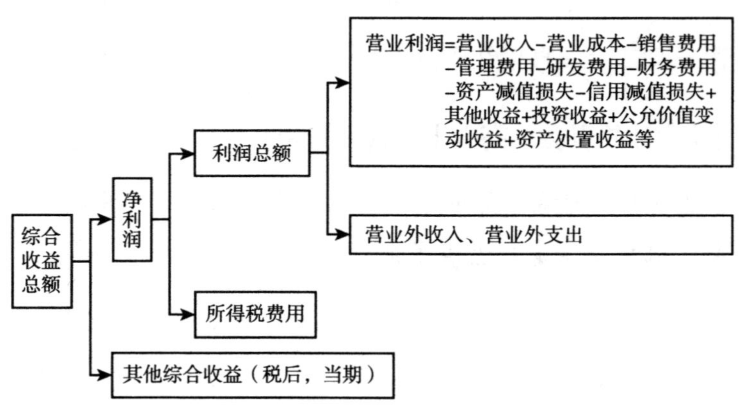

图3－3　综合收益结构

【会计故事会·综合测评】

小敏大学四年专业课平均成绩为93.42分，绩点4.28/5，英语四六级考试分获666分和631分，获国家奖学金，综合测评排名均居年级第一（1/210）。这些成绩跟利润表一样，有很多口径和维度，在大学除了成绩和绩点是评奖评优参考依据之外，综测才是最终的杀手锏。综测是综合素质测评的简称，内容包括思想道德素质考核、实践创新素质考核、身体心理素质考核和专业文化素质考核四个方面，这相当于企业的综合收益。综测是获得奖学金、优秀团员、优秀班干、三好学生、入党积极分子以及保送研究生等的依据。当然，有些用人单位可能只关注绩点、英语四六级考试成绩等，因此，成绩单上我们除了列示综测的结果，还有综测的构成过程，一是可以清晰地展现结果的过程；二是可以提供用人单位感兴趣的某些特定信息。

一、营业利润：日常活动

企业经营中一个很重要的概念是毛利率，毛利率=（营业收入-营业成本）/营业收入，其中毛利润=营业收入-营业成本。对于一家企业来讲，毛利率的指标极为重要。毛利率高就意味着公司的产品或服务有很强的竞争优势，甚至可能不可替代。不同行业之间的毛利率差别也会比较大，像是奢侈品、珠宝行业，一般都能维持较高的毛利率，而像零售业的毛利率可能就比较低。

毛利润的基础上减销售费用、管理费用和财务费用等费用后就是营业利润，营业利润 = 营业收入 − 营业成本 − 税金及附加 − 销售费用 − 管理费用 − 研发费用 − 财务费用 − 资产减值损失 − 信用减值损失 + 其他收益 + 投资收益（ − 损失）+ 公允价值变动收益（ − 损失）+ 资产处置收益（ − 损失）等。上面的公式表明企业产生营业利润的渠道，除了经营活动以外，还可以通过投资活动产生投资收益，也可以通过政府补贴来获得其他收益，还可以通过处置资产获得相关资产处置损益。营业利润是企业利润的主要来源，是企业从事生产经营活动所获得的利润。如果一家企业的营业利润不断增加，一定程度上可以说明企业正在稳步经营，事业欣欣向荣。

【会计故事会·盈余管理】

包子铺张经理为了向高老板交出一份满意的利润表正在苦思冥想，突然想到一条妙招。假设 12 月预计包子的销售数量是 10 万个，但张经理决定生产 20 万个包子，其中 10 万个包子卖不出冰冻起来。这样做有什么好处呢？包子的成本包括变动成本和固定成本，变动成本是每生产 1 个包子增加的成本，比如包子的面粉、馅料等，不能偷工减料，每个包子需要多少面粉多少馅料都是有标准的，变动成本总额 = 单位变动成本 × 生产包子的数量。固定成本是不管生产多少包子，固定成本的总额是不变的，比如每月固定的房租、工资等。假设包子的单位变动成本为 0.2 元，每月固定总成本 6 万元，12 月生产包子的总成本 = 0.2 × 20 + 6 = 10（万元），单位包子成本 = 10/20 = 0.5（元/个）。12 月份销售 10 万个包子，收入 10 万元（假设售价 1 元/个），结转成本 5 万元（0.5 × 10），利润 5 万元。如果生产 10 万个包子呢？12 月生产包子的总成本 = 0.2 × 10 + 6 = 8（万元），单位包子成本 = 8/10 = 0.8（元/个）。12 月份销售 10 万个包子，收入还是 10 万元（假设售价 1 元/个），结转成本 8 万元（0.8 × 10），利润 2 万元。同样销售 10 万个包子，收入不变，成本变了，利润从 5 万元减少到 2 万元了。这种神操作的方法会计上叫真实盈余管理。

二、营业外利润：非日常活动

营业外利润是指企业发生的与日常经营活动没有直接关系的各项收支，包括营业外收入和营业外支出。营业外收入就是“守株待兔”里面的兔子。农夫的主业是种田，但是农夫有天碰到一只撞死的兔子，开心极了，以后我就天天守在树边等兔子吧，但问题是兔子每天都有吗？不可能，这就是典型的“不务正业”，营业外收入大的企业你可以怀疑它就是一家“不务正业”的企业。营业外收入包括非流动资产毁损报废利得、与企业日常活动无关的政府补助、现金盘盈利得、捐赠利得等。这些营业外收入并不是由企业经营资金耗费所产生的，不需要企业付出代价。营业外收入实际上是一种纯收入，不可能也不需要与有关费用进行配比，因此称其为横财，不可持续。营业外支出包括非流动资产毁损报废损失、公益性捐赠支出、非常损失、固定资产盘亏损失等。如果说营业外收入是一笔横财的话，那么巨额营业外支出多数是一笔横祸。少数特别幸运的人，偶然会发一大笔横财，一辈子吃喝不愁。但是绝大多数人不能指望横财。天上掉馅饼，走路捡钱包，偶尔碰上一次也不是不可能，但天天这么好运，绝对不可能，最主要的收入还是要靠自己老老实实干活奋斗。企业也是如此，绝大部分利润都是来自日常营业活动。少数特别不幸的人，出一场大横祸，一辈子陷入困苦。企业不奢望横财，但一定要小心横祸，因为横祸可能会影响企业一辈子。

【会计故事会·碰瓷】

小强是个碰瓷党，靠耍无赖过日子。可现在司机警惕性高了，他的日子不好过了。这天，小强大半天也没找到冤大头，正垂头丧气，一个老人牵着条狗走过来。那狗东嗅嗅西嗅嗅，忽然嗅了一下小强的脚。小强恼了，对着狗肚子就是一脚。那狗便一口咬在小强的脚脖子上，疼得他直喊："别走，你的狗咬我了!"老人一看小强脚上的牙印，连声道歉。小强讹了1 000元钱，这才罢休。小强用这钱打了预防针，还剩了几百元，脑瓜一转来了主意：今儿咱就碰狗瓷！趁着牙印还新鲜，说干就干。小强来到另一条街上，不久便遇到一个遛狗的女人。小强赶紧上前，走到狗旁边时，忽然"哎哟"一声蹲在了地上，冲女人嚷道："你的狗咬我了!"女人回身看到牙印，惊慌失措地道歉："大哥，对不起，我，我赔钱……"说完就翻开了钱包。小强暗喜，可是女人很快停下手，叫道："不对呀，我的狗戴了牙套……"说完掰开爱犬的嘴巴，露出厚厚的牙套。小强见状，赶紧溜了。从会计角度来看，如果是偶然发生交通事故或被狗咬了，额外的补偿计入营业外收入；如果是专业碰瓷，补偿就要计入主营业务收入了。

三、净利润：当期损益

营业利润加营业外利润，在会计上叫利润总额，利润总额减去所得税费用，就是净利润。应交所得税就是企业的利润乘上所得税税率，这是企业赚了钱交给国家的，交给国家的所得税对企业来说就是所得税费用。所以净利润是指企业当期利润总额减去所得税后的金额，即企业的税后利润。净利润是企业最终的经营成果，净利润越多，企业的经营效益越好；净利润越少，企业的经营效率就越差，这是衡量企业经营效率的主要指标。

【会计故事会·税法利润】

会计中有两个重要概念：一个是应纳税所得额，即税法上的利润；另一个是利润总额（税前会计利润）。应纳税所得额根据税法计算，利润总额根据会计准则计算，两者是相互分离的，各自服务的目的和对象不同。比如交易性金融资产，会计上按照公允价值计量且其变动计入当期损益。投资交易性金融资产成本100万元，资产负债表日公允价值120万元，会计上确认利润20万元，但这20万元利润是未实现利润，没有现金流入，如果这个时候要交所得税，拿什么去交税，只能是“要钱没有，要命有一条”。税法也是很人性化的，等实际出售取得现金流时再上门收税。这也是会计利润与税法上的应纳税所得额不同的原因之一。

第四章　现金流量表：柴米油盐过日子

第一节　现金流量表的面纱

一、现金流量表的内涵：真金白银

你知道会计上的高富帅吗？利润表的收入“高”，资产负债表的资产“富”，现金流量表的现金“帅”。只有高和富还不行，现金流还要帅，这样才完美。现金流量表是指反映企业在一定会计期间现金及现金等价物流入和流出的报表。会计上的现金包括库存现金和银行存款。现金特点是支付能力强但收益低，保险柜中的库存现金，出纳下班前盘点的金额是 1 000 元，第二天上班前再次盘点发现金额为 1 001 元。什么情况会多出 1 元，一定是出纳数钱数得眼花而数错了，不是现在数错了就是昨天数错了，库存现金是没有任何收益的。为了提高现金的收益率同时满足流动性需要，企业会进行一些理财，比如投资国债，收益比存银行划算而且相对炒股风险也小，关键是如果有现金需求可以随时出售变成现金，会计上把这类投资称之为现金等价物，等同于现金。现金流量表反映现金和现金等价物的流入、流出以及结余。

利润表和资产负债表是权责发生制，权责发生制的好处是可以畅想未来，会讲故事。当然，理想很丰满现实也很骨感，利润表和资产负债表所展示的金额可能只是幻觉，并不真实。现金流量表是收付实现制，虽然看起来土里土气没有档次，但所展示的金额更真实。看一个企业和看一个人一样，既要看理想也要看现实，两者结合起来才能更加全面。企业在编制利润表和资产负债表的同时，要求同时编制一张现金流量表，既要听故事也要过日子，属于“熊掌”与“鱼”兼得、两全其美的方法。现金是企业的血液，只有流动起来才能产生价值，才会推动企业的发展，如果一个企业没有充足的现金便无法正常运转和生存。企业可以暂时没有利润但是不能没有现金，一个企业没有钱往往比不赚钱更可怕。利润决定了企业的持久发展能力，而现金流量是企业的“日子”，决定了企业下一刻能不能生存的问题，如果现在活都活不下去，其他再好的愿景和目标一切都是浮云，俗话说一文钱难倒英雄汉，这也是现金为王的原因。

【会计故事会·神奇的现金流】

一个游客路过一个小镇，他走进一家旅馆给了店主1 000元现金，挑了一个房间准备住宿。店主拿这1 000元给了对门的屠夫支付了这个月的肉钱。屠夫去养猪的农夫家里把欠的买猪款付清了，农夫用这1 000元还了饲料钱，饲料老板赶紧去旅馆还了房钱，这1 000元又回到旅馆店主手里。这时游客说房间不合适，店主把1 000元退还给了游客。虽然游客把这1 000元钱不多不少地拿走了，但全镇所有人的债务都还清了。没有这1 000元现金，大家都还在相互持续地追债，外地游客带来的1 000元现金流动了一下，大家的债务就全部解决了。

二、现金流量表的结构：三大活动

企业初创期主要依靠股权融资提供现金，包括天使投资、A轮、B轮、C轮融资等，这叫筹资活动。企业把钱投入研发和生产活动中，聘请研发人员研发核心技术、购置厂房、生产设备等，这叫投资活动。有了技术和产品开始开拓市场，通过采购、生产、销售产品取得现金流量，这叫经营活动。经营活动产生的现金流，一方面满足企业日常运行；另一方面是偿还之前的筹资。企业现金流从筹资开始，经过投资，最后通过经营活动回收，再偿还筹资，实际上就是一个资金管理活动。现金流量表按照资金活动将现金流量分为经营活动产生的现金流量、投资活动产生的现金流量、筹资活动产生的现金流量，按类说明企业一个时期流入多少现金，流出多少现金及现金流量净额，可以了解企业现金从哪里来到哪里去了。

【会计故事会·造血献血输血】

现金流量表类似人体的血液，经营活动的现金流量代表企业的“造血”功能，衡量一个企业自我造血的能力；投资活动的现金流量代表企业的“献血”功能，企业资金充沛时可以适当的进行投资，资金借给其他企业使用；筹资活动的现金流量是“输血”功能，是企业从外部带来新鲜血液，从其他企业借入资金。

现金流量表格式如表4－1所示。

表4－1　　　　现金流量表（简表）

编制单位：　　　　　年　月　　　　　单位：元

项目	本期金额	上期金额
一、经营活动产生的现金流量：		
销售商品、提供劳务收到的现金		
收到的税费返还		
收到其他与经营活动有关的现金		
经营活动现金流入小计		
购买商品、接受劳务支付的现金		

续表

项目	本期金额	上期金额
支付给职工以及为职工支付的现金		
支付的各项税费		
支付其他与经营活动有关的现金		
经营活动现金流出小计		
经营活动产生的现金流量净额		
二、投资活动产生的现金流量		
收回投资收到的现金		
取得投资收益收到的现金		
处置固定资产、无形资产和其他长期资产收回的现金净额		
处置子公司及其他营业单位收到的现金净额		
收到其他与投资活动有关的现金		
投资活动现金流入小计		
购建固定资产、无形资产和其他长期资产支付的现金		
投资支付的现金		
取得子公司及其他营业单位支付的现金净额		
支付其他与投资活动有关的现金		
投资活动现金流出小计		
投资活动产生的现金流量净额		
三、筹资活动产生的现金流量		
吸收投资收到的现金		
取得借款收到的现金		
收到其他与筹资活动有关的现金		
筹资活动现金流入小计		
偿还债务支付的现金		
分配股利、利润或偿付利息支付的现金		
支付其他与筹资活动有关的现金		
筹资活动现金流出小计		
筹资活动产生的现金流量净额		
四、现金净增加额		

第二节　现金流量分析：川流不息

一、经营活动现金流量

包子铺经营活动就是日常采购包子的材料、做包子、卖包子。现金流入主要是销售包子收到的现金，现金流出包括购买包子材料支付的现金、支付给包子铺员工的工资以及支付的各项税费等。经营活动是企业经济活动的主体，是企业获取持续资金的基本途径，也是各类现金流量汇总最为重要的。

经营现金净流量反映的是日常经营活动带给企业的现金净流量，衡量一个企业盈利质量很重要的指标就是经营现金净流量和净利润的比较。利润表上的净利润按照权责发生制的原则从损益的角度回答了企业本期是否盈利的问题，是所有收入抵减成本费用以及税金后的净利。其中，收入包括经营性和投资性（投资收益）收入，成本费用包括付现成本以及非付现成本。在极端条件下，假设公司的收入都是现金收入、所有的成本都是现金付款，没有投资和筹资活动相关损益，这种情况下净利润等于经营现金净流量。然而，大多数企业两者是不等的，比如营业收入，利润表按照权责发生制不管有没有收到钱都确认为收入，现金流量表上销售商品、提供劳务收到的现金则是按照实际收到现金才确认，利润表上的收入可以分为收现收入和非现金收入。在营业成本方面，也分为付现成本和非付现成本，非付现成本最典型就是折旧或摊销，固定资产和无形资产在折旧和摊销的时候没有现金流出，折旧和摊销随着产品生产计入生产成本，销售的时候转入营业成本，这部分营业成本减少净利润但没有现金流出。另外，赊购原材料没有现金流出，但原材料通过生产环节成本计入生产成本，最终转入营业成本，这部分营业成本也是非付现成本。

【会计故事会·家庭的现金流量】

对于上班族来说，工资收入就是最主要的现金流入，除了工资之外还可能在上班之余跑跑网约车补贴家用，这就是经营活动现金流入。经营活动现金流出主要包括柴米油盐过等日常支出。年轻时刚参加工作，工资低，生活丰富多彩支出大，月不付出，经营活动现金流量为负，需要啃老；工作一段时间后，工资越来越高，开始攒钱成家，社交支出也越来越少，经营活动的现金流量逐步由负转正；成家以后，特别是在大城市，房租和小孩教育支出较大，经营活动的现金流量保持平衡就很不错了；退休后，收入力不从心，体弱多病而支出越来越多，经营活动现金净流量由正转负。

二、投资活动现金流量

投资活动现金流量是企业现金流量表的重要组成部分，包括投资活动现金流入和投资活动现金流出。投资活动一般都是真金白银，分析投资活动现金流量重点是关注投资活动现金流出，投资活动流出分为两种情况：一是投钱给自己即内部投资，比如购建厂房生产线、购买固定资产和无形资产等长期资产；二是投钱给别人即对外投资，比如进行股票和债券投资，组建子公司、合营公司等。具体项目包括购建固定资产、无形资产和其他长期资产支付的现金、投资支付的现金、取得子公司及其他营业单位支付的现金净额以及支付其他与投资活动有关的现金。投资活动就是先种树后收果，只有前期的投入才有未来的收获。投资活动流入也包括两种情况：一是卖自己的家当，卖固定资产、无形资产或者资产报废时的现金流入等；二是收到对外投资的分红或者利息以及出售对外股权或债权投资。投资活动产生的现金流出具体包括收回投资收到的现金、取得投资收益收到的现金、处置固定资产无形资产和其他长期资产收回的现金净额、处置子公司及其他营业单位收到的现金净额、收到其他与投资活动有关的现金。

企业对内投资现金流的特点是"种投资活动现金流出的树，开经营活动现金流入的花"，现金流出和流入是错位的。对外投资则不存在这种情况，投资100万元买股票，如果未来现金流入大于100万元就赚了，当然这个现金流入包括收到的现金股利和出售投资收到的现金。

投资活动现金流量净额的正负可以判断企业当期的发展趋势是扩张还是收缩。若为负数，表明企业在扩张阶段；若为正数，表明企业在收缩，或是扩张速度放缓。另外，在分析投资活动现金流量时，还要结合经营活动和筹资活动进行分析，若投资活动现金流出主要依靠筹资活动现金流入，说明企业靠持续借钱来维持投资行为；若投资活动现金流出主要依靠经营活动现金流入，说明企业自我投资能力很强比较稳健。

【会计故事会·养鸡下蛋】

投资活动好比养鸡下蛋，先要有母鸡，购买母鸡的现金支出就是投资活动现金流出。母鸡的投入最后通过母鸡下蛋收入逐步收回投资，如果母鸡蛋下得多、鸡蛋的行情也好，那收回投资成本的时间也比较快。当然，鸡蛋的收入属于经营活动收入，投资成本收回一般体现在经营活动产生的现金流中。投资活动现金流入就是把母鸡卖了，这就是处置固定资产、无形资产和其他长期资产收回的现金，一般处置内部投资收回的现金都比较少，破铜烂铁现金流不多。

三、筹资活动现金流量

筹资就是筹钱，筹资活动产生的现金流量是指在企业筹资活动过程中产生的现金流入和流出的差额。从筹资对象来看，筹资活动可以分为债权筹资和股权筹资。债权筹资现金流量是与债权人之间的交易形成的现金流，包括借入或偿还债务、支付利息等。股权筹资现金流量是与股东之间的交易形成的现金流，包括股票发行、现金股利支付等。筹资活动现金流入具体包括吸收投资所收到的现金、借款所收到的现金、收到的其他与筹资活动有关的现金。筹资活动现金流出具体包括偿还债务所支付的现金、分配股利利润或偿还利息所支付的现金、支付的其他与筹资活动有关的现金。

根据筹资活动现金流净额的大小和方向可以判断企业资金状况以及是否缺钱。若筹资活动现金流净额小于0，说明企业自身造血能力强，企业经营活动创造的现金能够满足发展的需求；若筹资活动现金流净额大于0，说明企业对外进行了融资。筹资活动现金流流入的来源有权益筹资和债务性筹资。一般来说，债务性筹资风险会大一些，欠银行的钱到期就必须要还，没有什么商量的余地；而权益性筹资就不同，没有定期偿还的压力，权益性筹资占比较大的话，企业风险相对较低。债权和股权融资比例有很多著名的理论。比如MM 理论，在考虑所得税的情况下，一方面负债融资的利息可以抵税，因此，负债越多节税越多对企业越有利，这叫税盾；另一方面借钱越多杠杆越大，企业风险也会越大，企业就很容易出现资金链断裂，破产的情况也就很容易发生，这就是财务困境成本。这时候就需要权衡，到底是多借钱的利息抵税收益更多，还是多借钱引起的财务困境成本越大？当增加 1 元负债带来的财务困境成本等于 1 元负债带来的抵税收益时，这就是最优的资本结构了。如果在最优资本结构基础上再增加负债，财务困境成本将大于抵税收益。

【会计故事会·借鸡下蛋】

从前有一位大叔，家里非常穷困，家徒四壁一无所有，生活都快过不下去了，但是他看到了隔壁邻居家养了一群鸡，于是他去找邻居借了几只鸡，并且承诺一个月后还给他并付 10 块钱的租金，承诺一个月以后一定将借的鸡还给她。而后他用天然绿色的肥料喂养借来的这几只鸡，然后将它们下的鸡蛋都拿到了集市上去卖，一个月以后，卖鸡蛋的钱就赚到了 50 块，而后他依照承诺将鸡还给邻居，并付给了她 10 块钱的租金，这个时候他还有 40 块的钱可以继续借鸡。债权筹资就类似于借鸡下蛋。

第三节　现金流量模式：波士顿矩阵

著名的波士顿矩阵（BCG Matrix）根据销售增长率和市场占有率两个维度将产品分为四种类型，该方法又称市场增长率—相对市场份额矩阵，其中，销售增长率和市场占有率“双高”叫明星产品，销售增长率和市场占有率“双低”叫瘦狗产品，销售增长率高、市场占有率低叫问题产品，销售增长率低、市场占有率高叫金牛产品。波士顿矩阵主要用来协助企业进行业务组合或投资组合。借鉴波士顿矩阵可以将企业的现金流分为以下几种模式。

一、金牛现金流模式

波士顿矩阵中金牛产品是指销售增长率很低，但市场占有率很高，现金收入多的产品。金牛产品有稳定的市场，能为企业提供大量现金收入，我们把这种类型的现金流量模式称之为“金牛现金流模式”。金牛现金流模式经营活动现金净流量很大，一方面经营活动的现金净流量可以用于投资，表现为投资活动现金净流量为负数；另一方面可以用于分派现金股利，表现为筹资活动现金净流量为负数。

二、明星现金流模式

明星产品是指处于高增长率、高市场占有率象限内的产品群，这类产品可能成为企业的现金牛产品，需要加大投资以支持其迅速发展。采用的发展战略是积极扩大经济规模和市场机会，以长远利益为目标，提高市场占有率，加强竞争地位。这种现金流量模式表现为：经营活动产生一部分现金净流量，但投资活动现金流出比较大，可能还需要进行必要的筹资。因此，该模式表现为经营活动现金净流量为正，投资活动现金净流量为负，筹资活动现金净流量为正。

三、问题现金流模式

问题类产品是指具有较高的市场增长率，但其相对市场占有率很小的产品。对于企业来说，如果要进一步发展，需要进行大量的资金投入。当然，如果在这些产品上继续增大投资而最终不能使企业获得一个有力的市场者争地位的话，资金的投入将无法收回或者不能达到预期的投资回报。这类业务一方面经营活动现金净流量可能为负数或有少量现金净流量，但是需要大量投资，因此，投资活动现金表现为净流出，另外，资金来源方面主要是股权投资，比如天使投资、或 A 轮、B 轮融资。

四、瘦狗现金流模式

瘦狗类产品是指处于低增长率、低市场份额阶段的产品。未来几乎没有或根本没有增长的潜力，应该退出市场，把资源转移到其他产品。其现金流量表明，经营活动现金净流量为负或很少流入，企业出售资产表现为投资活动现金流量为正，归还借款所以筹资活动现金流量为正。

【会计故事会·庞氏骗局】

世界上有一种著名的骗术，这种骗术是一个名叫查尔斯·庞兹（Charles Ponzi）的投机商人“发明”的。查尔斯·庞兹出生在意大利，1903 年移民到美国。1919 年他开始策划一个阴谋，投资者们向一个事实上子虚乌有的企业投资，许诺投资者将在 3 个月内得到 40% 的利润回报，然后，狡猾的庞兹把新投资者的钱作为快速盈利付给最初投资的人，以诱使更多的人上当。由于前期投资的人回报丰厚，庞兹成功地在7个月内吸引了3万名投资者。这场阴谋持续了一年之久，才让被利益冲昏头脑的人们清醒过来，后人称之为“庞氏骗局”。简单来说，庞氏骗局就是利用新投资人的钱来向老投资者支付利息和短期回报，以制造赚钱的假象，进而骗取更多的投资，也就是我们常说的“拆东墙补西墙”或“空手套白狼”。从现金流量上看，如果一个企业经营活动和投资活动现金净流量均为0，筹资活动现金流入大于流出，这种情况下就要注意可能踩到雷了，传说中的庞氏骗局就中招了。

第五章　所有者权益变动表：企业的根子

第一节　所有者权益变动表的面纱

一、所有者权益变动表：股东专享服务

所有者就是股东，所有者权益变动表就是记录股东权益即净资产变动的全过程和结果，目的就是告诉股东们属于他们的权益怎么个变化情况，多了还是少了，多是怎么多的，少是怎么少的。股东是企业的大佬，会计为大佬量身定做了一张所有者权益变动表，堪称 VIP 服务。所有者权益变动表以矩阵的形式列示：横轴是所有者权益各组成部分及其总额，纵轴是引起所有者权益变动的原因。横轴和纵轴交叉形成一个全面反映一定时期所有者权益各项目的变动情况。

【会计故事会·特殊待遇】

本来所有者权益的变动在资产负债表所有者权益中就体现了，资产负债表中所有者权益部分本身就有所有者权益期末余额和期初余额。为了体现股东的特殊待遇，专门单独编制一张所有者权益变动表，股东看了很高兴，不管能力如何，起码态度不错。

所有者权益变动表如表5-1所示。

表5-1　　所有者权益变动表（简表）

编制单位：　　年　　单位：元

项目	本年金额					
	实收资本	资本公积	其他综合收益	盈余公积	未分配利润	所有者权益合计
一、上年年末余额						
加：会计政策变更						
前期差错更正						
二、本年年初余额						
三、本年增减变动金额						
（一）综合收益总额						
（二）所有者投入和减少资本						
（三）利润分配						
1. 提取盈余公积						
2. 对所有者（或股东）的分配						
3. 其他						
（四）所有者权益内部结转						
1. 资本公积转增资本（股本）						
2. 盈余公积转增资本（股本）						
3. 盈余公积弥补亏损						
四、本年年末余额						

二、所有者权益变动表的填报：下围棋

假设包子铺期初实收资本 100 万元、资本公积 10 万元、其他综合收益 5 万元、盈余公积 10 万元、未分配利润 20 万元，所有者权益合计 145 万元。2022 年包子铺实现净利润 100 万元，计提 10 万元盈余公积，分派现金股利 60 万元。我们看看所有者权益变动表怎么编制？具体如表 5 –2 所示。

表 5 –2　　所有者权益变动表（简表）

编制单位：包子铺　　2022 年　　单位：万元

项目	本年金额					
	实收资本	资本公积	其他综合收益	盈余公积	未分配利润	所有者权益合计
一、上年年末余额	100	10	5	10	20	145
加：会计政策变更						
前期差错更正						
二、本年年初余额	100	10	5	10	20	145
三、本年增减变动金额						
（一）综合收益总额					100	
（二）所有者投入和减少资本						
（三）利润分配						
1. 提取盈余公积				10	–10	
2. 对所有者（或股东）的分配					–60	
3. 其他						

续表

<table>
<tr><td rowspan="2">项目</td><td colspan="6">本年金额</td></tr>
<tr><td>实收资本</td><td>资本公积</td><td>其他综合收益</td><td>盈余公积</td><td>未分配利润</td><td>所有者权益合计</td></tr>
<tr><td>（四）所有者权益内部结转</td><td></td><td></td><td></td><td></td><td></td><td></td></tr>
<tr><td>1. 资本公积转增资本（股本）</td><td></td><td></td><td></td><td></td><td></td><td></td></tr>
<tr><td>2. 盈余公积转增资本（股本）</td><td></td><td></td><td></td><td></td><td></td><td></td></tr>
<tr><td>3. 盈余公积弥补亏损</td><td></td><td></td><td></td><td></td><td></td><td></td></tr>
<tr><td>四、本年年末余额</td><td>100</td><td>10</td><td>5</td><td>20</td><td>50</td><td>185</td></tr>
</table>

第二节　所有者权益变动表分析：来龙去脉

一、实收资本的变迁

实收资本是股东投入的资金，也是企业的源泉。实收资本的核心股权结构是企业的权力中心。股权涉及股东身份享有企业的各项权利，包括投票权、表决权、选举权以及被选举权、还有分红权等。股权结构包括股权高度集中型、股权高度分散型、相对控股型等。股权结构的变化对企业来说是地动山摇，涉及“改朝换代”。实收资本的变化包括两个方面：一是结构的变化；二是规模的变化。实收资本的增减都是企业的大事，企业经营过程有新股东加入增加实收资本，也可以通过资本公积、盈余公积转增实收资本。实收资本减少包括股东撤资等。会计人员记录实收资本增减变动时千万千万要小心谨慎，连小数点都不能错，0.1%的股权可能价值上亿元。

【会计故事会·大事去哪了】

两个人组建家庭就是实收资本的组合，实收资本的明细账就是丈夫和妻子，结婚后就要看夫妻俩谁在家里有话语权，这个话语权可以理解为股权。华中师范大学教授戴建业开玩笑说：我太太一直主张家里要统一思想，大多数时候她实现了这个美好理想。大多数我什么都听她的，她是家里独一无二的太太。刚结婚的时候，我太太说以后大事你说了算，小事由我来管。我激动死了，心想怎么这么好运，娶了这样一位好老婆。后来才发现我掉进了坑里。有时，我明明觉得那是件大事，要发表下意见，结果我的太太手一挥说，这点小事你这个大男人也要管？于是，我结婚三十多年，家里就从来没有发生过一件大事。

二、未分配利润的变迁

未分配利润是一项重要的所有者权益，是企业还没分配的利润，它是企业逐年累积的结果。在以后的年度中，企业可以继续分配未分配利润。未分配利润隐含的意思是这部分权益可以随便花，随时可以用于分配。

一个企业的未分配利润是怎样来的呢？从本期净利润开始：（1）一个企业经营活动产生的利润总额缴纳所得税后的金额形成企业的净利润；（2）净利润的首要任务是弥补以前年度亏损；（3）净利润弥补亏损后剩余的金额按照净利润10%提取法定盈余公积，当然法定盈余公积达到注册资本的50%可以不再提取；（4）接下来就是提取任意盈余公积，这不是强制要求的，企业可以根据自己的需要决定是否提取；（5）再往下就是分红，首先分配优先股股利，其次分配普通股股利；（6）最后剩下的净利润加上期初未分配利润就是期末未分配利润的金额。

第六章　特殊事项的会计处理

第一节　会计政策、会计估计变更和差错更正

一、会计政策和会计估计的概念

没有规矩不成方圆，会计工作要遵循会计准则，会计准则中既有会计政策也有会计估计。会计政策是会计处理的原则、基础和方法，负责把方向。会计估计是在会计政策下估计具体的金额，属于抓落实。

【会计故事会·老王卖瓜】

夏日炎炎，老王正在地里看守西瓜。一路人过来买西瓜，问西瓜是按个卖还是按斤卖。按个卖还是按斤卖，这属于会计政策，老王的西瓜是按斤卖的政策。路人挑了一个瓜让老

王称重，不巧称重的秤坏了，老王估摸着这个西瓜有 10 多斤重，1 元/斤，跟路人说给 10 元就可以。老王估计西瓜的重量属于会计估计，会计估计一般都是估计会计要素的具体金额。

1. 存货分析

我们看一下存货的确认、初始计量、后续计量以及发出存货整个生命周期中哪些会计处理属于会计政策，哪些属于会计估计。首先，存货的确认，也就是确定这个资产是不是存货，这就属于会计政策，凡是企业持有目的是出售的资产都是存货，任何一家企业都一样，任何会计人员都要执行。其次，存货的初始计量，也即是确定存货的入账成本。购入存货过程中哪些价款、费用和税费要计入存货入账成本，这些都是会计准则中规定好的，按照实际取得的价款、税款和相关费用计入存货成本，所有企业必须严格执行，这也是会计政策。再次，存货的后续计量。会计准则规定资产负债表日存货按照成本与可变现净值孰低来计量，这个也是会计政策，不能按照公允价值来计量，必须按照成本与可变现净值孰低来计量。但是可变现净值是多少？10 位会计人员可能得出 10 个结果，每个人的结果都可能不同，计算可变现净值要估计售价、估计进一步加工的成本、估计销售费用、估计相关税费，这些都要去拍脑袋估计，不是确定的，估计可变现净值的金额就是会计估计。最后，存货发出计价方法。存货发出计价方法有四种计价方法：个别认定法、先进先出法、移动加权平均法和一次加权平均法。这四种发出存货计价方法要根据实际存货成本流转来确定，企业根据自己的实际情况选择其中一种，这个也是会计政策，不是拍脑袋的事。具体如图 6－1 所示。

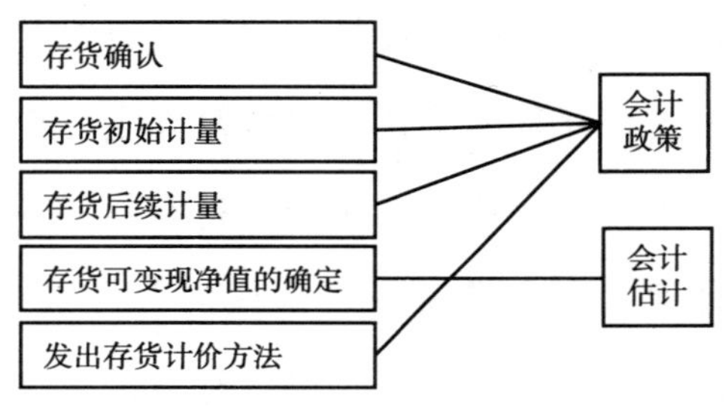

图 6－1　存货分析

2. 固定资产分析

我们再看看固定资产的会计处理中哪些是会计政策，哪些是会计估计。第一，固定资产的确认，即什么是固定资产，这个会计准则上都有标准的定义，企业不能指鹿为马，符合固定资产确认条件的资产才能叫固定资产，这个属于会计政策。第二，固定资产的初始计量。固定资产按照实际取得的成本入账，这个也是会计政策，所有企业统一执行，不能把该计入成本的费用漏掉，也不能把不属于固定资产成本的费用浑水摸鱼计入成本。第三，固定资产后续计量中计提折旧，这个折旧金额计提多少合适？这就需要拍拍脑袋了，用眼睛去看、用手去摸、用鼻子去闻，需要估计这个折旧金额。理论上准确的折旧金额只有神仙知道，会计人员不是神仙，只能通过各种方法去估计，包括年限平均法、双倍余额递减法、年数总和法和工作量法，这些方法的目的都是估计折旧金额，所以固定资产折旧相关折旧方法、预计使用寿命、预计净残值都属于会计估计，我们把它们称为固定资产折旧套餐，固定资产折旧套餐都属于会计估计。第四，计提固定资产减值。资产负债表日固定资产账面价值大于可收回金额需要计提减值准备，这是每个企业都要执行的政策，属于会计政策。但是可收回金额是多少？即可收回金额的具体金额是拍脑袋的工作，属于会计估计。第五，固定资产处置。正常出售固定资产的损益计入资产处置损益，报废或毁损的处置损益计入营业外支出，这属于会计政策，不能把报废的处置损益计入资产处置损益。具体如图 6 –2 所示。

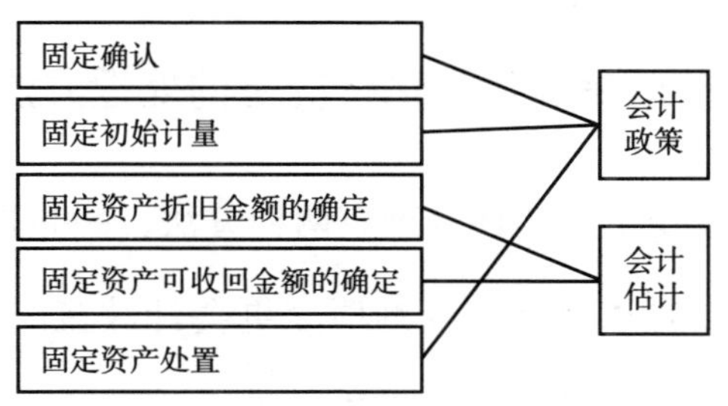

图 6 –2　固定资产分析

3. 交易性金融资产分析

我们再解密一下交易性金融资产。第一，股票是不是交易性资产，看是否指定为其他权益工具投资，是否作为长期股权投资核算，如果都不是那就是交易性金融资产。这么大的气场，一看就知道是会计政策。第二，交易性金融资产的初始计量的交易费用怎么处理，这个也只有会计政策能说了算，这不是估计不估计的事。第三，交易性金融资产后续计量采用公允价值计量，这个属于会计政策，但公允价值的金额是多少？如果要确定非上市公司的股票公允价值那可要难为死会计人员了，每个人心中都有一个不一样的哈姆雷特，都有一个不同的公允价值金额，这个属于会计估计。第四，交易性金融资产的处置，处置的损益计入投资收益，而且持有期间确认的公允价值变动损益不用转入投资收益，这些都属于会计政策。

二、会计政策和会计估计变更的处理方法

会计政策变更的会计处理有两种方法：一是追溯调整法。追溯调整法指对某项交易或事项变更会计政策时，如同该交易或事项初次发生时就开始采用新的会计政策，并以此对相关项目进行调整的方法。二是未来适用法。未来适用法指对

某项交易或事项变更会计政策时，新的会计政策适用于变更当期及未来期间发生的交易或事项的方法。会计准则规定，对于会计政策变更如果没有特殊规定的，能追溯就追溯，能追溯多远就追溯多远。对于会计估计一般采用未来适用法。

【会计故事会·小敏的工资】

小敏入职以来工作一直兢兢业业，高老板决定给小敏涨工资。如果采用追溯调整法，那就是从小敏入职到现在这段时间的差额工资先全部补齐，从下个月起再按照新工资标准发放。如果采用未来适用法，小敏的工资从下个月起按照新的工资标准发放，前面是多少就多少。

三、差错更正

会计差错是指在会计核算时由于计量、确认、记录等方面出现的错误。经济事项或交易进入会计系统后，经过确认、计量、记录和报告，输出对信息使用者有用的会计信息。在确认、计量、记录过程中由于种种原因会产生差错。会计差错特别是重大差错若不及时、正确地更正，不仅影响会计信息的可靠性，而且可能误导投资者、债权人和其他信息使用者，使其作出错误的决策或判断。差错通常包括计算错误、应用会计政策错误、疏忽或曲解事实以及舞弊产生的影响等。

会计差错更正是指对企业在会计核算中由于计量、确认、记录等方面出现的错误进行的纠正。会计差错更正的方法分为两种：一是重要的前期差错，采用追溯重述法；二是不重要的前期差错，直接调整当期对应的科目就可以，这种方法叫“隔山打牛”。

【会计故事会·悔棋】

高老板下棋在棋友中以没棋格著称，他能一遍遍地悔棋，让对手额头上的青筋暴露，双手发抖，连看的人也忍不住想上前揍他两拳。悔棋就是差错更正，而且属于追溯调整法，把原来下的棋子收回重下。

第二节　资产负债表日后事项

一、资产负债表日后事项的概念

什么是资产负债表日后事项呢？先说一下资产负债表日，资产负债表是一个时点数，资产负债表日是会计期间的最后一天，比如年报的资产负债表日就是 12 月 31 日 24：00 时。公司年度账期关账之后，会计们算啊算，编啊编，估计要一个多月才能把年度财务报告这一套报表整出来了。然后再请外部的会计师事务所来做审计，审计师们查啊查，调啊调，经过两三个月终于把审定后的财务报告整出来了。然后呈报给公司的董事会或者类似机构，董事会看过之后同意了，这一天就是批准报告日。批准报告日之后，还有个正式报出日，就是对外发布的日子。资产负债表日后事项就是指公司在资产负债表日至批准报告日之间，发生的需要调整或者说明的事项。

但是，有些特殊事项，即资产负债表日后发生的事项只是对资产负债表日及以前发生事情的进一步证据或证明，或者对资产负债表日已经存在的事项提供了进一步的证据，这种情况下应该调整资产负债表日的报表。比如说预计负债有了明确的金额，预计负债的事项是在资产负债表日已经存在的，只是当时的金额无法确定，现在确定了就应该去调整资产负债表日的报表。

会计上把日后事项又分成两类：一类是调整事项；另一类是非调整事项。调整指的就是调账，资产负债表日后调整事项是指对资产负债表日已经存在的情况提供了新的或进一步证据的事项。这类事项所提供的新的或进一步的证据有助于对资产负债表日存在状况的有关金额作出重新估计，并据此对资产负债表日所确认的资产、负债和所有者权益以及资产负债表日所属期间的收入、费用等进行调整。比如资产负债表日后证实资产发生了减损、销售退回已出现、应收账款证实不可收回等。非调整事项是指资产负债表日该事项的状况并不存在，而是期后才发生或存在的事项。按照权责发生制和会计分期的要求资产负债表日后才发生的事情应该记到下一个报表周期，不影响报告期的报表。比如股票和债券的发行、巨额投资、自然灾害导致的资产损失和外汇汇率发生较大变动等。由于非调整事项发生或存在于资产负债表日后，不属于报告年度的交易或事项，因此，不需要调整报告年度的会计报表，对于发生的非调整事项在报告期的会计报表附注中说明其内容，估计其对财务状况、经营成果产生的影响即可，不用表内确认，等下一个报告期再表内确认，之所以提前在附注中披露体现会计信息的及时性的要求。

【会计故事会·董事长的体检】

2022 年 2 月 14 日，某上市公司董事长去医院例行体检，医生告诉董事长得了严重的心脏病而且这病去年就有了。董事长生病非同小可，会严重影响公司的相关业务，对公司未来盈利能力产生重大影响。董事长同志一心为公司谋发展，带病工作，虽然 2021 年就生病了，但大家也没看出来，在 2021 年的报表中没有反映这一利空消息对公司财务报表产生的影响。如果该公司2021年的财务报表还没有对外报告，需要赶紧计提和调整相关资产的减值准备，这就是所谓的资产负债表日后调整事项。如果医生说董事长的心脏病是2022年才得的，那就不用调整2021年的财务报表了。但这个信息太重要了，会对2022年的财务报表产生重大影响，而2022年的财务报表要等到2023年才对外披露，真是心急如焚。碰巧2021年的报表现在还没报出去，于是灵机一动，“大哥，‘搭个便车’吧，十万火急”，提前在2021年报表中进行披露，这就是非调整事项。

二、资产负债表日后事项的会计处理

资产负债表日后发生的调整事项，应当如同资产负债表所属期间发生的事项一样，作出相关账务处理，并对资产负债表日已经编制的财务报表进行调整。对于非调整事项，只要求在报告期的附注进行披露，提前预告，详细内容在下一个报告期的报表上再实际确认。

【会计故事会·交卷前的检查】

学期末小明参加会计考试，距离考试结束还有十分钟就答完卷了。剩下的时间小明把试卷从头到尾进行认真检查，发现一个会计分录借贷方写反了，心中一惊，及时进行了更正。只要没交卷都可以随时更改自己的答卷，这个属于调整事项，自己想改就改，如果交完卷就不能再改答卷了。会计上，资产负债表日后如果报表还没有批准报出去，财务报表中发现错误或者不合适的地方都可以及时对财务报表进行调整，反正还没有交卷，自己想怎么改就怎么改，监考老师和阅卷老师也不会管你。如果报表对外报出去后发现报表错误就属于会计差错更正，采用追溯调整法进行更正，需要广而告之，告诉大家“我错了”。